Delius Klasing

EDITION MOBY DICK

Gunnar Fehlau

1000 Tipps für Radreisen

Ausrüstung
Gepäck
Pannenhilfe

Delius Klasing
EDITION MOBY DICK

Für Oskar, der noch nicht Rad fährt, aber schon mitfährt!

In diesem Buch werden Tipps vorgestellt, deren Anwendung sich mitunter auf Extremsituationen bezieht! Die Umsetzung aller Tipps oder daraus abgeleitete Handlungen finden auf eigene Verantwortung statt. Verlag und Autor übernehmen keine Haftung für Schäden (auch gegenüber Dritten), die aufgrund der hier im Buch dargestellten Handlungen und Beschreibungen entstehen. Die vorgestellten Tipps wurden nach bestem Wissen und Gewissen recherchiert und bearbeitet, Verlag und Autor übernehmen aber dennoch keine Garantie für die Richtigkeit und Wirkung der dargestellten Handlungen und Beschreibungen.
Bitte halten Sie vor jeder Montage oder Modifikation Rücksprache mit dem Hersteller des jeweiligen Produktes. Respektieren Sie auch die Grenzen Ihres eigenen Basteltalentes, Ihrer Erfahrungen und Ihres Körpers. Radfahren ist scheinbar einfach und gleichzeitig ein hoch komplizierter Vorgang. Das macht seinen Reiz aus. Gehen Sie deshalb niemals leichtfertig mit Ihrem Fahrrad und seinem Zubehör um.

Bibliografische Information Der Deutschen Bibliothek
Die Deutsche Bibliothek verzeichnet diese Publikation in der Deutschen Nationalbibliografie, detaillierte bibliografische Daten sind im Internet über »http://dnb.ddb.de« abrufbar.

1. Auflage
ISBN 3-89595-181-1

Umschlaggestaltung: Buchholz/Hinsch/Hensinger, Hamburg
Abbildungen: Gunnar Fehlau, außer Titelfoto oben (Wolfgang Gressmann) und Fotos S. 72 und 76 (upsolut mv gmbh)
Layout: Ulrike Heinichen
Druck und Bucheinband: Media-Print, Paderborn
Printed in Germany 2003

Vertrieb: Delius Klasing Verlag, Siekerwall 21, D-33602 Bielefeld
Tel. 05 21/559-0, Fax 05 21/559-115
e-mail: info@delius-klasing.de
www.delius-klasing.de

Wer mit dem Rad auf Tour startet, der will etwas erleben! Und zwar im positiven Sinne: Dem Alltag den Rücken kehren und alle Sorgen und Probleme hinter sich lassen.

Wer mit dem Rad auf Tour ist, der weiß, dass eine Tour, die euphorisch begann, unverhofft im Chaos enden kann: Das Rad geht kaputt, der Körper streikt oder das Zeltgestänge bricht. Der Pannenteufel lauert immer und überall. Gut, wenn man sich zu helfen weiß oder vorgebeugt hat.

Und genau darum geht es in diesem Buch. 1000 Tipps zur schnellen Lektüre. Tipps, die man sich ansonsten mühsam erfahren müsste, die einem kein Hersteller nennt, weil sie mitunter die Gewährleistung berühren und die kein Radhändler preisgibt, weil sie den Umsatz schmälern. Kurz: 1000 Tipps kumulierter Radtourenerfahrung in einem Band. Aber Erfahrungen sind subjektiv! Insofern wird kein Leser alle 1000 Tipps gebrauchen können.

Bleibt das Problem, dass Sie den jeweils nützlichen Tipp finden müssen. Es ergibt keinen Sinn, die 1000 Tipps einfach herunterzuschreiben. Wir haben uns für folgende Verfahrensweise entschieden: Die Tipps sind nach Kapiteln (z.B. Das Rad), Unterkapiteln (z.B. Antrieb) und anschließend überwiegend alphabetisch geordnet. Doch deshalb steht nicht zwangslautig jenes beieinander, was in der Realität zusammengehört. So finden Sie zwar Tretkurbel und Innenlager unter Antrieb, doch nicht unmittelbar hintereinander.

Zudem ist jeder Tipp zur Orientierung mit Zusatzinformationen versehen worden: Adressat, Zeit-, Geld- und Werkzeugaufwand und vieles mehr findet sich hier, zum Teil in Form von Piktogrammen.

Zu guter Letzt noch eine Bitte: Lassen Sie andere Leser und mich auch von Ihren Erfahrungen profitieren, eine Postkarte an den Verlag genügt.

Gunnar Fehlau

PS: Der aufmerksame Leser wird einige Tipps aus dem Buch »1000 Tipps für Biker« wiedererkennen. Das sind grundsätzliche Tipps, ohne die dieses Buch unvollständig wäre und seinem Anspruch nicht gerecht würde. Insofern sehen Sie mir diese Doppelungen bitte nach.

PROLOG

Gründe für die Radfahrt

Riechen, Schmecken, Hören und die Natur mit allen Sinnen erleben – das geht (außer zu Fuß) nur mit dem Fahrrad!

TOUREN-RADLER

Gründe für eine Tour durch die Stadt — Entdecke die Heimat

Hinterhöfe, stillgelegte Industrieareale und kleine Nebenstraßen – eine Radtour in der eigenen Stadt zeigt immer neue Aspekte des Wohnumfeldes.

●○○○○○○ **60 Min.** ★

TOUREN-RADLER

Gründe zum Radeln — Das Tempo der Wahrnehmung

Sprüherkunst, Leuchtreklamen, Straßenschilder und Litfaßsäulen – per Rad unterwegs passt das Tempo zur Wahrnehmungsfähigkeit. Sie erleben mehr!

●○○○○○○

Kein Dogmatismus — Radler dürfen Auto fahren

Kein Dogmatismus bitte. Probieren Sie zum Beispiel: Morgens mit Rad und Auto hin, abends mit dem Rad zurück und morgens wieder damit zur Arbeit, um dann am Abend wieder mit dem Auto nach Hause zu fahren. So haben Sie die Hälfte der Fahrten mit dem Rad gemacht und schon einige schöne Touren erlebt.

●○○○○○○

Radtouren — Das Etwas, das das Auto nicht hat

Radeln und miteinander reden, über Erlebtes sprechen und vielleicht mit Einheimischen schwatzen – durch die Windschutzscheibe undenkbar, auf Radtour ganz üblich! Probieren Sie es aus!

●○○○○○○ **1 Min.**

Touren-Etikette 1

Auf der letzten Tour hat Ihnen ein Mitfahrer einen Schlauch geliehen und Ihnen damit lästiges Flicken erspart. Diesen Schlauch bei der nächsten Tour nicht zurückzugeben ist ein guter Weg, Freunde zu verlieren...

○○○○○○● ★

Touren-Etikette 2

Wer sich mit Freunden zu einer Tour trifft oder sich einer geführten Tour anschließt, der sollte einige Verhaltensregeln beherrschen: Man geht vor dem Start aufs WC und nicht 5 Minuten nach Ausfahrtbeginn.

●○○○○○○ **5 Min.** ★

Touren-Etikette 3

Wenn es sich um sportliche Ausfahrten handelt, erwarten Sie nicht, dass die Gruppe anhält, wenn Sie es tun. Die Gruppe kann es tun, aber es ist nicht zwingend üblich: »Wer rausfällt, ist weg!« – gilt für sportive Fahrer nicht nur bei Rennen.

○○○●○○○ ★

Touren-Etikette 4

Seien Sie pünktlich, sonst ist die Gruppe oder Ihr Ansehen weg! Nichts nervt mehr, als zu warten! Ersparen Sie dies Ihren (neuen) Bekannten und Freunden.

○○○●○○○ ★

Touren-Etikette 5

Man darf von jedem Teilnehmer erwarten, dass sich sein Rad in Bestform befindet und nicht mehr einem umfangreichen Service vor dem Start oder einer Reparatur unterwegs unterzogen werden muss. Gilt das auch für Ihr Rad?

○○○●○○○ ★

Touren-Etikette 6

So lange es sich nicht um eine geführte Tour handelt, für die Sie Geld an einen professionellen Anbieter überweisen, sollten Sie davon ausgehen, dass Sie sich bei Pannen selbst um deren Lösung kümmern müssen.

○○○○●○○

Touren-Etikette 7

Sie sind bereits mehrfach mit dieser Gruppe unterwegs gewesen und es erscheinen Neulinge. Begrüßen Sie diese so, wie Sie sich eine Begrüßung gewünscht hätten und – bei sportlichen Touren – verheizen Sie Neulinge nicht bei der ersten Tempoverschärfung.

○○○●○○○ ★

DAS RAD

Witten 3,0km
Duisburg 83,0km
RUHR
Wetter 6,0km
Schwerte 24,0km
RUHR
Schwelm 19,0km
RUHR
Kaiser-Route
Kaiser-Route

Das ideale Reiserad

Tourenradler

Mietrad — Eine Alternative?

Mieträder sind in der Regel ein zuverlässiger Weg, sich die Freude am Fahrradfahren zu nehmen. Für kurze Touren in der Metropole mag ein fremdes und meist schlecht gewartetes Radl von minderer Qualität ausreichen. Strecke macht man aber nur mit dem eigenen Rad, daher lohnt sich fast jeder Aufwand, um sein Rad zum Urlaubsziel zu bekommen.

Neues Reiserad — Zuerst das alte verkaufen 1

Wenn Sie ein neues Rad kaufen, werden Sie immer drauflegen, aber durch den Verkauf des alten Rades oder überflüssiger Teile reißt das neue Reiserad kein so großes Loch in die Kasse. Also durchstöbern Sie Keller, Speicher und Garage und versilbern Sie alle Fahrradteile und Trekkingausrüstung, die Sie in den vergangenen 12 Monaten nicht benutzt haben und an denen keine »schwer wiegenden« Erinnerungen hängen.

*

Neues Reiserad — Zuerst das alte verkaufen 2

50

Neue Teile blenden: Griffe/Lenkerband, unbeschädigter Sattel und frische Reifen wirken Wunder und erhöhen die Preisakzeptanz des möglichen neuen Besitzers. So können Sie mit geringer Investition problemlos 100 Euro mehr rausholen.

20 Min. * **Bike-Pack**

Neues Reiserad — Zuerst das alte verkaufen 3

Ein sauberes Rad verkauft sich besser! Putzen und polieren machen sich bezahlt. Auch hier bringt eine halbe Stunde Arbeit bares Geld.

1 Stunde
* **Bike-Pack**

Neues Reiserad — Zuerst das alte verkaufen 4

Der Verkauf läuft wie geschmiert, wenn das Rad wie geschmiert läuft: Reifendruck, Kettenöl, gefettete Züge und frisch eingestellte Bremsen zeigen: Hier hat jemand sein Rad gepflegt! Da überzeugt die Probefahrt und man kauft gerne!

20 Min. * **Bike-Pack**

Pedal — System oder Bärentatze

150

Bärentatzen sind leicht, einfach, preiswert und kompatibel mit jedem Schuh. Das macht sie ideal für kurze Radtouren und Städtefahrten. Leider mangelt es den Batzen an Effizienz. Hier liegen System-Pedale vorn: Mit ihnen fährt man wirkungsvoller und sicherer. Wer längere Strecken und/oder sportlicher fährt, kommt um System-Pedale nicht herum – muss sich aber damit abfinden, ein spezielles Paar Schuhe zu benötigen.

WELTEN-BUMMLER

30

Pedal — *System-Ersatz nicht vergessen*

Wer mit System-Pedalen auf Reisen geht, sollte den Verschleiß der Schuhplatten vor Reiseantritt überprüfen. Tauschen Sie die Platten lieber zu Hause aus, denn mitunter kann das Lösen der abgewetzten Schrauben zum Geduldsspiel werden und viel Werkzeugeinsatz nötig machen. Auf langen Touren unbedingt Ersatzplatten mitnehmen.

○○○○○○● **30 Min.** ★★★ ***Profi-Werkstatt***

Radtyp — *Citybike – Nachteile*

Das Citybike hat eine Nabenschaltung mit maximal sieben Gängen. Nur wenige Modelle sind für Touren außerhalb der Ortsschilder ausgelegt. Die Schaltung reicht nur für gemäßigtes Gelände und moderaten Fahrstil. Besonders auf langen Strecken eher kräftezehrend.

●○○○○○○

Radtyp — *Citybike – Vorteile*

Wer sein Citybike täglich nutzt, der hat auf Tour den Vorteil, dass er das Rad gut kennt und es perfekt auf ihn abgestimmt ist. Nabenschaltung und Rücktrittbremse funktionieren intuitiv und wartungsarm!

●○○○○○○

Radtyp — *Einrad – Nachteile*

Gepäckunterbringung ist recht kompliziert. Hohes Tempo und starkes Bremsen sind nicht so einfach. Und das Fahren an sich will auch gelernt sein.

●○○○○○○

Radtyp — *Einrad – Vorteile*

Die Aufmerksamkeit ist stets auf Ihrer Seite und wenn Sie bei Touristenattraktionen Ihren Hut hinlegen und Kreise fahren, können Sie sicher einige Euros verdienen. Zudem lässt sich das Einrad einfach transportieren und es kommt mit wenig Wartung aus.

●○○○○○○

Radtyp — *Faltrad – Nachteile*

Nicht jedes Faltrad hat ein solides Fahrverhalten, wie Sie es von Ihrem herkömmlichen Fahrrad kennen. Nicht alle Modelle bieten ausreichend Platz für Gepäck. Die kleinen Laufräder haben bei langen Touren erhöhten Reifen-, Felgen- und Kettenverschleiß.

●○○○○○○

Radtyp — *Faltrad – Vorteile*

Ein gutes Faltrad lässt nicht nur Sie gut reisen, sondern es reist auch selbst sehr gut. Ob im Zug, im Flieger oder im Bus: Ein Faltrad passt immer noch rein. Das gilt nicht für ein »ausgewachsenes« Reiserad!

●○○○○○○

Radtyp — *Klassisches Reiserad – Nachteile*

Das klassisches Reiserad hat einen Rennlenker, ist mit etwa 30mm breiten 28-Zoll-Reifen ausgestattet und kann prima auf guten Straßen fahren. Auf Radwanderwegen machen ihm die schlechten Bodenbedingungen zu schaffen.

●○○○○○○

Radtyp **Klassisches Reiserad – Vorteile**

Es ist fast so schnell wie ein Rennrad und die Position ist nicht so gestreckt und sportlich. Man sieht etwas von der Landschaft und kann dennoch »Kilometer fressen«.

●○○○○○○

Radtyp **Liegerad – Nachteile**

Manches Liegerad hat viele Spezialteile, das kann zu Komplikationen bei Defekten führen. Wer mit dem Lieger in die Berge will, der muss seinen Muskeln viel Gewöhnung zugestehen. Nicht jedes Liegerad hat ausreichend »Stauraum« für Tourengepäck. Mit dem Liegerad fallen Sie auf. Wer ruhig reisen und beobachten will, der wird dies nicht mögen.

●○○○○○○

Radtyp **Liegerad –Vorteile**

Der Panoramablick ist Haupttrumpf des Liegerades: Sie haben sowohl die Straße als auch die Landschaft stets im Blick. Kurz: Sie sehen mehr von Land und Leuten – dafür sind Sie doch auf Reisen, oder nicht? Zudem bietet ein Liegerad – vorausgesetzt Sie haben das für Sie richtige Modell gewählt – ungeahnten Fahrkomfort. Wer ein neues Reiserad sucht, der sollte auch ein Liegerad Probe fahren.

●○○○○○○

Radtyp **Modernes Reiserad – Nachteile**

Das moderne Reiserad hat 26-Zoll-Mountainbikeräder und ist mit solider MTB-Technik ausgestattet. Leider ist es auf der Straße meist nicht so zügig unterwegs. Viele Hersteller machen es sich einfach: Sie nehmen einen MTB-Rahmen und erklären ihn zum Reiserad. Das reicht nicht!

●○○○○○○

Radtyp **Modernes Reiserad – Vorteile**

Super: Endlich ein Rad, das dem Mehrgewicht auf Touren wirklich Stand hält. Bei guter Konstruktion ist das Rad auch komfortabel.

●○○○○○○

Radtyp **Mountainbike als Reiserad!**

Vorsicht bei Mountainbikes. Klären Sie, ob sich Gepäckträger montieren lassen und ob Sie mit den Fersen die Packtaschen berühren. Im Zweifelsfall muss zur Probe montiert werden.

●○○○○○○ **15 Min.** ★★ **Bike-Pack**

Radtyp **Rennrad – Nachteile**

Die Technik am Rennrad und die Position auf dem Rennrad sind für Touren eigentlich nicht gemacht. Entweder passt man sich oder das Rennrad an, doch dann hat es seinen Charme verloren. Gepäck kann man auf dem Rennrad nicht viel mitnehmen.

●○○○○○○

Radtyp **Rennrad – Vorteile**

Das Rennrad ist leicht, schnell und rassig – das macht Touren schnell und sportlich. Wer mit wenig Gepäck viel Weg zurücklegen will, der hat im Rennrad seinen idealen Partner.

●○○○○○○

Radtyp ***Tandem – Vorteile***

Endlich fährt der Starke dem Schwachen nicht mehr weg – man ist ein Team und hat ein (gemeinsames) Tempo! Der Starke muss nicht mehr gönnerhaft warten und der Langsame fühlt sich nicht mehr unter Druck gesetzt, stets schneller fahren zu müssen.

●○○○○○○

Radtyp ***Tandem – Vorteile***

Insbesondere bei der Navigation spielt das Tandem seine Vorteile aus: Während der Captain (Vordermann) den Überblick im Verkehr behält, kann der Stoker (Hintermann) aufrecht radelnd die Landkarte/den Stadtplan studieren und durch seine Anweisungen das Team ans Ziel bringen.

○○○●○○○

Radtyp ***Tandem – Nachteile***

Problematisch wird es beim Tandem mit dem Gepäck. Maximal vier große Radtaschen, eine Lenkertasche und ein Querrolle auf dem Heckträger müssen ausreichen. Mögliche Lösungen sind ein Rucksack (nur für den Hintermann) oder ein Anhänger.

●○○○○○○

Radtyp ***Tandem – Nachteile***

Auf der Reise ist ein Tandem fein, doch das Reisen mit dem Tandem als Gepäckstück ist etwas beschwerlicher als mit dem Solorad. Kündigen Sie Ihr Tandem bei Fluggesellschaften, auf Fährfahrten und auch in Hotels (wegen der Unterstellmöglichkeiten) an, das vermeidet Probleme.

○○○●○○○

Radtyp ***Trekkingrad – Nachteile***

Weder Fisch noch Fleisch: Es ist kein Rennrad und auch kein Mountainbike. Mit dem Trekkingrad kann man überall fahren, aber nur selten ist das Rad optimal. Gemütliche Touren entlang von Flussläufen, das ist Terrain der Trekkingräder...

●○○○○○○

Radtyp ***Trekkingrad – Vorteile***

Mal fahren Sie im Wald, mal auf der Straße, mal in den Bergen und mal an der See. Mit dem Trekkingrad haben Sie ein Rad für alle Gelegenheiten.

●○○○○○○

Radtyp ***Voll gefedertes Rad – Nachteile***

Federung kostet, wiegt und will gepflegt sein. Ist die Federung schlecht konstruiert, so geht viel Energie statt in Vortrieb in die Federung.

●○○○○○○

Radtyp — Voll gefedertes Rad – Vorteile

Wenn das Gepäck am Rad mitgefedert ist, dann schöpft das voll gefederte Rad sein ganzes Komfortpotenzial aus. Sie fahren auf einem guten »Fully« wie auf Wolken. Endlich werden auch schlechte Radwege tourentauglich.

●○○○○○○

Radtyp — Zwei gute Exoten

Wer es exotisch, edel und exklusiv, aber dennoch absolut praxisgerecht mag, der fährt das Papalagi von MTB Cycletech aus der Schweiz und das Rock'n'Roll von Bruce Gordon aus den USA Probe. Zwei Räder, die MTB und Rennrad interessant kreuzen.

●○○○○○○

Reifentyp — Semislicks oder Stollenreifen

GELÄNDE-TOURER

Wer überwiegend im Wald fährt, der sollte auf Stollenreifen zurückgreifen. Sie bieten mehr Traktion und damit auch Sicherheit im Grenzbereich. Wenn man überwiegend auf der Straße unterwegs ist, dann sind Semislicks optimal. Sie vereinen geringen Rollwiderstand mit ausreichender Traktion. Das spart Kraft.

●○○○○○○

Schaltung — Welche Hebel

WELTEN-BUMMLER

Wer auf Weltreise in entlegene Regionen gerät, wird Drehschalter schätzen lernen. Denn Hebel und Tastschalter verleiten Neugierige zum Ausprobieren: Beim Losfahren kracht dann die Schaltung. Das bleibt bei Drehschaltern aus.

●○○○○○○

Standards und Normgrößen beachten

Schauen Sie auf das Innenlager und messen Sie die Tretlagergehäusebreite (68mm ist Standard). Mancher Hersteller hat eigene Standards eingeführt und diese später wieder über den Haufen geworfen. Die Ersatzteillage sollten Sie vor dem Kauf klären.

○○●○○○○ **10 Min.** ★★★

Steuersatz — Finger weg von integrierten

Integrierte Steuersätze sind leicht und modern, doch wehe, wenn Ersatzteile verlangt werden. Verschiedene Hersteller haben unterschiedliche Normen. Nicht selten kurzlebige. Am Reiserad sind traditionelle Steuerkopfrohre (noch immer) die bessere Wahl.

●○○○○○○

Steuersatz — ist nicht gleich Steuersatz

Wer mit einem Aheadset-Steuersatz herumfährt, braucht kaum Werkzeug zu dessen Einstellung. Anders beim traditionellen Steuersatz: Schwere 32er oder 36er Schlüssel sind gefragt! Glücklich wer ein CoolTool sein eigen nennt. Für dieses gibt es nämlich Steuersatz-Aufsätze.

●○○○○○○

Touren-Fully — Anforderungen

Lässt sich das Fully angenehm tragen, lassen sich Schutzbleche und ein Gepäckträger anbringen, sind die Flaschenhalter (wie viele?) griffbereit und nehmen sie auch große Flaschen auf?

●○○○○○○ **15 Min.** ★

Anschaffung

Bremsen — *Keine Cantis mehr!*

Die Zeiten der Cantilever-Bremse sind vorbei. Lassen Sie sich keine mehr andrehen. Nur noch für Sammler und Nostalgiker interessant.

●○○○○○○ **5 Min.** ★

Fallen beim Radkauf — *1*

Gehen Sie nie in den Radladen ohne eine erste Vorstellung, was Sie mit dem Rad vorhaben.

●○○○○○○ ★

Fallen beim Radkauf — *2*

Vergessen Sie das Zubehör nicht: Wer 500 Euro zur Verfügung hat, der verwendet 400 Euro fürs Rad und 100 Euro für Schloss, Helm und/oder Lichtanlage.

Fallen beim Radkauf — *3*

Das Rad ist nur so gut wie der Service, den es erfährt. Und diesen übernimmt bei 90% der Radfahrer der Händler! Deshalb vergleichen Sie beim Preis des Rades nicht allein dessen Komponenten, sondern auch den Service des Ladens. Das billigste Angebot ist nur selten das preiswerteste.

●○○○○○○

Gebrauchtkauf — *Ausschlusskriterium*

Leider wahr und rechtens: Die Garantie gilt stets nur für den Erstkäufer. Wer Sicherheit will, der kann nur Neukauf tätigen.

●○○○○○○

Gebrauchtkauf — *Ihr gutes Recht*

Produkthaftung/Gewährleistung bleibt erhalten, vorausgesetzt das Rad befindet sich im Originalzustand, beziehungsweise es wurden keine Umbaumaßnahmen im Umfeld des Defekts durchgeführt.

●○○○○○○

Gebrauchtkauf — *Was Sie niemals kaufen sollten 1*

Carbonrahmen sind nett für Sportler und Leichtbaufreunde, aber als Material fürs Tourenrad sind sie ungeeignet. Beim gebrauchten Rad lassen sich Überlastungen nicht mit dem bloßen Auge erkennen.

●○○○○○○ **5 Min.** ★

Gebrauchtkauf — *Was Sie niemals kaufen sollten 2*

Ziert der Schriftzug »Titanal« den Rahmen, so unterlassen Sie den Kauf: Die Fachpresse berichtete über eine Vielzahl von Brüchen.

●○○○○○○ **5 Min.** ★

Gebrauchtkauf — *Was Sie niemals kaufen sollten 3*

Kontrollieren Sie bei einem Rad aus Frankreich genau, ob exotische (französische) Maße an Lenker, Vorbau, Tretlager und Sattelstütze verwendet wurden. Dann ist die Ersatzteillage verheerend.

●○○○○○○ **10 Min.** ★★★

Gebrauchtkauf — Was Sie niemals kaufen sollten 4

Auch wenn Freunde der Fahrradtechnik auf die Schaltungen von Suntour schwören: Lassen Sie die Finger davon, denn Ersatzteile sind nur schwer zu bekommen.

●○○○○○○ **5 Min.** ★★

Ins richtige Heft schauen

Kataloge machen Lust auf ein Fahrrad, aber erst der Blick in die Bedienungsanleitung bringt die wichtigen Fakten: Maximale Zuladung, Anwendungsausschlüsse, Serviceintervalle usw.

●○○○○○○ **15 Min.** ★

Kaufen im Versand — Nur für Fachleute geeignet

Lohnt sich nur für Fans und Fachleute. Wer Beratung und Service braucht, der sollte zur ersten Adresse am Platz gehen! Das kostet etwas mehr Bares, aber hilft in der Not, was wiederum unbezahlbar ist...

●○○○○○○ ★★★

Rahmenmaterial — Karbon auf Reisen

Karbon ist ein vorzügliches Rahmenmaterial fürs Rennrad. Doch die Belastungen auf Radreisen unterscheiden sich von denen eines Radrennens kollossal. Gerade auf Stoßbelastungen von spitzen Gegenständen reagieren die Kohlefaserrahmen »allergisch«.

●○○○○○○

Zweitrad fürs Hundewetter 1

Machen wir uns nichts vor: Wer gerne auf Tour geht, der hat auch ein edles Rad. Soll man dieses im hässlichen deutschen Winter bei alltäglichen Fahrten »hinrichten«? Dann doch lieber ein zweites Rad parat haben.

●○○○○○○

Zweitrad fürs Hundewetter 2

Ihr Augenmerk sollte auf die alten Trendräder gerichtet sein: Leichtlaufrad, Trekkingrad und Schlagworte wie »Herrensportrad«. Das will sowieso keiner, also gibt es viel fürs Geld.

●○○○○○○

Zweitrad fürs Hundewetter 3

Schauen Sie in den lokalen Anzeige-Käseblättchen und in der Lokalzeitung: Hier verkaufen keine Fachleute und es werden auch keine Fachpreise verlangt.

●○○○○○○

Zweitrad fürs Hundewetter 4

Achten Sie auf drei Dinge: Einfache Schaltung (am besten Sachs- oder Shimano-Nabenschaltung), passende Rahmengröße und die Bremsen (es sollten entweder eine Rücktrittbremse verbaut oder Cantileversockel vorhanden sein, um vorne eine griffige V-Brake nachzurüsten).

●○○○○○○

Zweitrad fürs Hundewetter — *5*

150

Veranschlagen Sie 150 Euro für folgende Tuningmaßnahmen: Gute Reifen (sie sorgen für schnelles Fortkommen und hohe Pannensicherheit; »Marathon« ist sehr bewährt), große Schutzbleche mit Spritzschutzlappen und eine V-Brake für vorne samt Hebel. Diese ist nur notwendig, wenn das Rad keine Rücktrittbremse hat. Wenn das Geld noch reicht, dann sollten Sie auch noch Reflektorfolie und ein Diodenrücklicht für Ihre Sicherheit bei schlechter Sicht besorgen.

Antrieb

Bowdenzüge — *Gerissene Züge flicken*

5

Lüsterklemmen aus dem Elektrobereich geben als »Kuppler« zwischen gerissenen Zügen für kurze Zeit eine recht gute Figur ab und bringen einen zurück in die Zivilisation. Vorsicht bei Bremszügen: Sie können jetzt nicht mehr mit voller Bremsleistung rechnen.

15 Min. ★★ ***Bike-Pack***

Drehschalthebel — *Doppelt schaltet besser*

10

Obwohl SRAM seinen Drehschaltern eine Unterlegscheibe beifügt, ist diese längst nicht an jedem Rad montiert. Wer optimalen Schaltkomfort haben will, der legt zwei Scheiben zwischen Drehgriff und Griffgummi.

5 Min. ★ ***Bike-Pack***

Dritte Zähne — *Ohne Passungsprobleme*

120

Der italienische Hersteller Marchisio bietet ein Ritzelsystem an, das dank Adaptionsringen auf 8- und 9-fach Campagnolo und Shimano passt. Es ist in zwei Güten erhältlich und bietet maximal 11-28 Zähne.

★

Innenlager — *Breite beachten*

Tretlagergehäuse haben nicht nur in Sachen Gewinde ihre Tücken, es gibt auch verschiedene Breiten: Standard ist 68 mm, jedes Maß breiter als 70mm ist selten und bedeutet Beschaffungsprobleme beim Innenlager! Finger weg!

5 Min. ★★ ***Heim-Werkstatt***

Innenlager — *Leben verlängern*

Weltenbummler

Wer alle 5.000 Kilometer die Kurbeln abzieht und sie um 90 Grad verdreht wieder montiert, erhöht die Lebensdauer des Tretlagers wesentlich.

30 Min. ★★★ ***Profi-Werkstatt***

Innenlager — *Standards*

Vielzahn-Innenlager von XTR (Titan 1999 & 2000) lassen sich nicht mit der aktuellen (Octalink) Hollowtech-Zahnform der LX- und XT-Serien kombinieren. ISIS heißt der (nicht kompatible) Standard, der u.a. an Truvativ- und Race-Face-Kurbeln zu finden ist.

Innenlager — *Titanwellen*

Wenn Sie stark sind oder viel wiegen, lassen Sie die Finger von Titanlagern. Einige Gramm Gewichtsersparnis zu Schwindel erregenden Preisen sind das Bruchrisiko nicht wert. Ab 85 kg Körpergewicht ist Stahl der Werkstoff für die Tretlagerachse. Ausnahme: Tune-Lager. Sie bringen sogar Eric Zabel sicher über die Ziellinie.

●○○○○○○ ★

Innenlager — *Wust von »Standards«*

Beim traditionellen Vierkant-Tretlager gibt es Unterschiede. Die Steigung des Vierkants bei Shimano und Campagnolo ist unterschiedlich und nicht kompatibel. Auch der französische Hersteller TA hat eine eigene Steigung!

●○○○○○○

Kette — *Die richtigen Nieten bitte*

Shimanos Kettenverbindungsstifte erlauben ein einfaches Vernieten der Kette. Doch man greife zum richtigen: für 6-, 7- und 8-fach Ketten sind sie 6,5 mm breit und schwarz; die Nieten für 9-fach sind ebenfalls 6,5 mm breit, aber silbern.

○●○○○○○

Kette — *Steifes Kettenglied*

Ein steifes Kettenglied ertappt man am besten durch langsames Rückwärtsdrehen, es hakt dann am unteren Schaltwerkröllchen.

○○○○●○○ **5 Min.** ★

Kette — *Verschlissen und kein Ersatz*

Ist die Kette zu lang, sodass sie über die Ritzel zu springen beginnt, und kein Ersatz ist parat, dann kann die Rettung darin bestehen, die Kette zu öffnen und zu drehen, damit die obere Seite nun nach unten schaut.

○○○○●○○ **15 Min.** ★★ ***Bike-Pack***

Kettenblattstandards — *Ein Überblick*

Bei den Kettenblättern wird zwischen 6-8-fach und 9-fach unterschieden, am Rennrad sogar noch 10-fach. Die Aufnahme der Kettenblätter unterteilt sich in 4-fach und 5-fach Stern. Bei den 5-fach Sternen gibt es wiederum den alten größeren Lochkreis von 74 und 110 mm. Moderner ist der Kompaktlochkreis 58 und 94 mm (bei 4-fach Kurbeln quasi Standard). Am Rennrad gibt es einen Lochkreis für Shimano und einen für Campagnolo. Firmen wie Stronglight und T.A. haben neben den Standards noch eigene Varianten.

●○○○○○○

Kettenlinie — *Wie man sie misst*

So misst man die Kettenlinie: Kette aufs mittlere Kettenblatt legen und den Abstand zur Rahmenmitte messen. Optimal ist die Kettenlinie, wenn die Kette auf dem mittleren Ritzel und Kettenblatt exakt gerade verläuft.

○○●○○○○ **2 Min.** ★★ ***Bike-Pack***

Kurbel abziehen — *Fön hilft*

Ist das Abziehergewinde einer Vierkant-Tretkurbel defekt oder stark verschlissen, hilft der Fön. Erhitzen Sie den Kurbelbereich. Das Alu der Kurbel erhitzt sich stärker als der Stahl der Achse und die Kurbel lässt sich vorsichtig abziehen.

○○○○●○○ **20 Min.** ★★★ ***Heim-Werkstatt***

Kurbelschraube weg — *Die Rettung*

Drehen Sie die verbliebene Kurbelschraube heraus und ziehen Sie damit den »schraubenlosen« Schenkel fest. Anschließend fahren Sie, bis sich die andere Seite löst. Tauschen Sie nun die Schraube und ziehen Sie diese wieder fest... So »hangeln« Sie sich bis zum nächsten Schraubenhändler.

○○○○●○○ **5 Min.** ★★ ***Bike-Pack***

Kurbelschrauben — *Spezielle Modelle sparen den Abzieher*

50

Kurbelschrauben für Vierkant-Technologie lassen sich durch Modelle ersetzen, die zum einen die Kurbel klemmen, zum anderen die Kurbel abziehen. Die kanadische Firma »Syncros« offeriert Edelmodelle für 50 Euro, bei Sugino gibt's die gleiche Technologie mit etwas mehr Gewicht unter dem Namen »Outex« für 10 Euro. Beim Einschrauben der Kappen sollte man diese mit einem Tropfen Loctite sichern, da ihr Verlust gleichbedeutend mit dem Verlust der Abzieherfunktion ist. Zum ausreichenden Anziehen der Schrauben ist ein 6 mm Inbus mit langem Hebel notwendig. Improvisieren Sie eine Hebelverlängerung für Ihren Inbus oder ergänzen Sie Ihr Werkzeug-Set entsprechend.

○○●○○○○ **15 Min.** ★★ ***Bike-Pack***

Kurbelvierkant »rund« — *Erst prosten, dann helfen*

10

In der Praxis haben Vierkantkurbeln zwei Nachteile. Zieht man die Kurbel öfter ab, weitet sich der Vierkant. Schlimmer noch: Wenn man die Kurbel mehrmals »lose tritt«, dann »nudelt« der Vierkant aus. In beiden Fällen ist der Kurbel ein schnelles Ende beschieden: Entweder der Vierkant ist rund oder die Kurbelschraube setzt auf dem Vierkant auf, ohne die Kurbel zu klemmen. Ist Ersatz nicht zu bekommen, greift man zur Getränkedose, leert sie und schneidet dann ein rechteckiges Blech heraus (Schweizermesser durchsticht die Dose mühelos). Das Blech sollte den Vierkant einmal umwickeln und vom Rahmen gesehen die Tretlagerachse um mindestens 7 Millimeter überstehen. Ziehen Sie die Kurbel nun vorsichtig mit der zwischenliegenden Schicht auf. Zeichnet sich ab, dass das Blech nicht reicht, ziehen Sie die Kurbel wieder ab und legen entweder eine zweite Banderole aus Blech auf oder falten vier kleine Blechbalken, die auf den planen Vierkantflächen unter der Blechbanderole positioniert werden. Ziehen Sie die Kurbel so fest Sie können. Wer langfristig reparieren muss, sollte alle Bleche, den Vierkant und die Kurbelflächen fettfrei säubern und alle Flächen mit Loctite (Schraubensicherung) bestreichen.

○○○○●○○ **30 Min.** ★★ ***Bike-Pack***

Pedal — *Koalitionspartner*

15

Für die alten H20-Klickpedale bietet Onza mittlerweile keine Ersatzschuhplatten mehr an. SPD von Shimano passen nicht. Die Modelle von Corratec hingegen funktionieren sehr gut.

●○○○○○○ ★

Pedale — *Abschrauben, welche Richtung?*

Den Kurbelarm des zu lösenden Pedals in Fahrtrichtung waagerecht nach vorne stellen und nun den Schlüssel so ansetzen, dass er gegen die Fahrtrichtung zeigt. Nun den Schlüssel nach unten drücken. Die Ausrichtung ist für beide Pedale gleich, weil die Gewinde verschieden sind. Sollen die Pedale montiert werden, dreht man den Kurbelarm einfach nach hinten und setzt den Schlüssel so an, dass er sich nach unten führend Richtung Tretlager bewegt. Ruckartiges Drücken sprengt übrigens meist nur den Schlüssel. Besser ist es, langsam den Druck auf das Pedalgewinde zu steigern.

○●○○○○○ **5 Min.** ★ ***Standard***

Pedale — *Koalitionspartner*

Koalitionsstreit: Shimano empfiehlt für das Pedal PD-M858 alle herkömmlichen SPD-Platten sowie das speziell entwickelte Cleat SM-SH52. Das Cleat SM-SH51 ist aber nicht für die Pedalen PD-M858 geeignet.

●○○○○○○

Rohloff-Nabe — *Besser Bremsaußenhüllen verwenden*

Sensible Schaltaußenhülle ist bei der Rohloff nicht gefragt: besser Bremsaußenhülle nehmen. Die sorgt für einen definierten Druckpunkt beim Schalten und ist äußerst stabil. 15

○○●○○○○ **15 Min.** ★★ ***Bike-Pack***

Rohloff-Nabe — *Schaltzug: Größe und Schmierung*

Rohloff empfiehlt Edelstahl-Schaltzüge mit 1,1 mm Durchmesser (dünner als die herkömmlichen Schaltzüge). Diese sollen ohne Fett eingezogen werden. Wer nicht auf Schmierstoff verzichten möchte, der soll zu White Lightning greifen. 5

○○●○○○○ **15 Min.** ★★ ***Bike-Pack***

Rohloff-Nabe — *Warum sie gut ist*

Sie lässt sich im Stand schalten, ein Hebel für 14 Gänge, faktisch kein Verschleiß und keine Wartung. 14 Gänge ohne Überschneidung und mit gleichmäßigen Sprüngen und die Technik ist witterungsgeschützt in der Nabe verpackt.

●○○○○○○ ★

Rohloff-Nabe — *Was an ihr ungünstig ist*

Die Getriebe reiben etwas mehr als eine herkömmliche Kettenschaltung, das Schalten hakt ein wenig zwischen 7. und 8. Gang und man muss mit einem Mehrgewicht von ca. 400 Gramm gegenüber einer Kettenschaltung rechnen. Außerdem ist die hohe Erstinvestition abschreckend, sie rechnet sich für Vielfahrer aber schnell.

●○○○○○○ ★

Rohloff-Nabe — *Winter- oder Sommeröl*

Es gibt Winter- und Sommeröl. Das Winteröl lässt sich allerdings das ganze Jahr über verwenden, bei hohen Außentemperaturen wird die Nabe dann ledliglich etwas lauter. 10

○○○○○●○ **15 Min.** ★★ ***Bike-Pack***

Rohloff-Nabe — *Zahnpflege*

Die Lebensdauer des Rohloffritzels auf der Nabe kann verlängert werden, indem man es etwa alle 4000 km umdreht.

15 Min. ★★★ **Bike-Pack**

Rohloff-Nabe — *Zugunfall*

Ist der Bowdenzug aus den Schaltzugbajonetten geflutscht und nach der anschließenden Montage zu kurz, dann kann man den Zug mit drei Kabelbindern flicken: Einfach jeweils hinter den Bajonetten einen Kabelbinder um den Bowdenzug »zippen« und mit einem weiteren Kabelbinder diese beiden Schlaufen verbinden. Wenn nun alle Kabelbinder fest angezogen werden, überträgt der Zug wieder Schaltimpulse. Übrigens funktioniert die Rasterung der Schaltung weiterhin, denn diese ist in der Nabe lokalisiert und damit von der Flickung unbeeinflusst.

15 Min. ★★ **Bike-Pack**

Schaltung — *Runter ungleich hoch!*

Schaltet es sich gut hoch in die leichten Gänge, aber schlecht runter in die schweren Gänge, dann ist Schmutz in den Zügen die Ursache – säubern oder wechseln! Bei Inverse-Schaltungen gilt die Regel umgekehrt!

15 Min. ★★ **Bike-Pack**

Schaltung gerissen — *Was früher gut war, funktioniert heute nicht mehr*

Wenn Sie keinen Ersatzzug dabei haben, stehen die Chancen schlecht, den Heimweg mit gewohntem Schaltkomfort zu bestreiten. Das Schaltkabel am Riss mit Hilfe einer Cola-Dose zu flicken, ist ein Ratschlag aus der Steinzeit der Schaltungstechnik, als es noch keine Index-Schaltung gab oder jedes Index-System noch abschaltbar war. Einen STI-Hebel unserer Tage bekommen Sie damit nicht zum Laufen. Alle Maßnahmen beschränken sich deshalb darauf, die Kette auf einem mittleren Ritzel zu fixieren und anschließend einzig mit dem Umwerfer drei Gänge (sprich: die Kettenblätter) zu verwalten. Die einfachste Methode ist es, jene Schraube am Schaltwerk, die den Schwenkbereich des Schaltwerks in Richtung des Rahmens begrenzt, möglichst tief einzuschrauben. Bei modernen Schaltungen reicht dies bis in den vierten oder fünften Gang.

5 Min. ★ **Bike-Pack**

Schaltwerk — *Bruch*

Reparieren geht mit Bordmitteln nur selten. Zur Schadensbegrenzung ist es praktisch, wenn man ein altes Ritzelpaket hat, dessen Ritzel sich mehrheitlich beliebig anordnen lassen. Bauen Sie das Schaltwerk komplett aus, kürzen Sie die Kette, sodass sie auf ein mittleres Ritzel passt. Nun ordnen Sie die Ritzel auf dem Freilauf so an, dass das Ritzel in idealer Kettenlinie liegt und auf jeder Seite von einem möglichst großen Ritzel flankiert wird. Auf diese Weise kann die Kette nicht mehr abspringen.

20 Min. ★★★ **Heim-Werkstatt**

Schaltwerkröllchen — *Verlust*

Das verbliebene Schaltwerkröllchen auf die untere Position montieren. Die Kette einlegen und anschließend kürzen, um sie unter Spannung zu bringen. Fahren Sie nun sehr vorsichtig nach Hause.

○○○○●○○ **25 Min.** ★★

Schaltzug gerissen — *Flasche hilft*

PECHVOGEL

Ist der Zug mittig zwischen Schaltwerk und -hebel gerissen, so fädelt man ihn aus der Außenhülle am Hebel aus, öffnet eine Befestigungsschraube des Flaschenhalters und windet den Zug einmal herum. Nun den Zug so unter Spannung bringen, dass der gewünschte Gang geschaltet wird. Anschließend die Flaschenhalterschraube wieder festziehen und mit der Schaltwerkschraube die Feineinstellung vornehmen.

○○○○●○○ **10 Min.** ★★ ***Bike-Pack***

Schaltzug gerissen — *Holz hilft*

Ein Holzstückchen (oder in extrem kalten Zeiten auch ein Stück Energieriegel) so anpassen, dass es im Scherengelenk des Umwerfers einklemmt und diesen auf das mittlere Blatt fixiert. Daraufhin mit Gaffa oder Kabelbinder fixieren. Gleiches funktioniert auch beim Schaltwerk.

○○○○●○○ **15 Min.** ★★ ***Standard***

Sperrklinken — *Gebrochen, kein Ersatz parat*

Glücklich der, der noch mit Pedalriemen fährt! Diese machen nämlich eine gute Figur, wenn man sie zwischen den Rippen des größten Ritzels und den Speichen hindurchfädelt. Alternativ helfen auch Kabelbinder oder Draht. Ordentlich festzurren und vorsichtig nach Hause fahren. Doch Achtung: Das Rad hat nun eine starre Nabe – statt Freilauf muss man nun immer(!) mittreten. Gewöhnungsbedürftig!

○○○○●○○ **35 Min.** ★★ ***Bike-Pack***

Tretlagergewinde — *Rettungsstrategie*

Ist das Tretlagergewinde im Rahmen »ausgelutscht«, ist ein Drei-Phasen-Programm angesagt: 1. Versuch: Einbau des Lagers mit Loctite 270 (lässt sich nur noch bei 300 Grad Hitze wieder öffnen) 2. Versuch: Einbau mit Loctite 638 (hält aber keinen extremen Antritten stand) 3. Versuch: Sofern es sich um ein BSA-Gewinde handelt, kann man das größere italienische Tretlager darüberschneiden.

○○○○●○○ **60 Min.** ★★★★ ***Profi-Werkstatt***

Übersetzung — *Anpassen*

Ein voll beladenes Bike erlaubt keinen Wiegetritt, deshalb passen Sie die Übersetzung an. 1:1 (also ein Kettenblatt mit der Zähnezahl eines Ritzels) ist ein absolutes Muss. Eine Untersetzung ist noch besser (das Kettenblatt hat weniger Zähne als das Ritzel)!

○○●○○○○ **60 Min.** ★★★ ***Profi-Werkstatt***

Übersetzung verringern — *Kette anpassen*

Wer auf seinem Rad kleinere Kettenblätter montieren lässt, der sollte darauf achten, dass auch die Kette gekürzt werden muss, ansonsten neigt sie zum (Ab-)Springen.

○●○○○○○ **15 Min.** ★★ ***Bike-Pack***

Schaltzug gerissen — *Riss direkt am Schaltwerk*

Ist der Zug direkt am Schaltwerk gerissen oder gar die Außenhülle am Schaltwerk geplatzt, so dreht man zuerst die Anschlagschraube der Außenhülle am Schaltwerk völlig hinein (im Uhrzeigersinn). Nun den Schnellspanner am Hinterrad öffnen und das verbliebene Zugende so fest wie möglich drei bis vier Mal um die Schnellspannerachse wickeln. Den Schnellspanner schließen und die Anschlagschraube herausdrehen, bis ein komfortabler Gang geschaltet ist. Gute Heimfahrt!

○○○○●○○ **15 Min.** ★★ ***Bike-Pack***

Bremsen

Allgemein — *Seilzug oder Hydraulik*

Hydraulische Systeme sind nahezu wartungsfrei und benötigen deshalb keinen Service. Sie haben eine sehr gute Dosierbarkeit beim Bremsen. Die Vorteile des Bowdenzugs: Leicht, preiswert, simpel in der Montage und bei der Fehlersuche, sowie optimale Ersatzteilversorgung auf dem gesamten Globus. Seine Nachteile: Wartung, Stabilität und Dosierbarkeit. Die Nachteile der Ölsysteme: Schwerer, komplizierte Erstmontage, unsichere Ersatzteilversorgung.

●○○○○○○ ★

Bremsflanken — *Bitte steinfrei*

Untersuchen Sie mindestens alle drei Wochen die Bremsklötze auf kleine Steinchen, diese schaben auf der Felge = Verschleiß ohne Bremswirkung! Die Steinchen lassen sich mit einem Uhrmacherschraubendreher leicht entfernen.

○○○○○●○ **5 Min.** ★★ ***Heim-Werkstatt***

Bremsklotz — *Ersetzen*

Ist der Bremsklotz heruntergebremst und Metall schabt direkt auf der Felge, dann müssen Sie eingreifen, um größere Schäden zu verhindern! Wenn Ersatz nicht zu beschaffen ist, dann raspeln oder schnitzen Sie einen Holzklotz, der U-förmig den Bremskörper umschlingt und zur Felge hin die Form eines Bremsklotzes einnimmt. Sicher, keine gute Bremsleistung, aber besser als nichts und besser als eine durchgebremste Felge, oder?

○○○○●○○ **20 Min.** ★★★ ***Bike-Pack***

Bremsklotz-Abstand — *einfach & optimal*

Jeder sagt es, kaum einer beherrscht es: Die richtige Schrägstellung der Bremsklötze: Klemmen Sie einfach am Klotzende eine Kabelbinderspitze ein. Sie sorgt für richtigen Abstand bei den Bremsklötzen.

○●○○○○○ **5 Min.** ★★ ***Bike-Pack***

Bremsstocken — *Vorderrad*

Wenn am Vorderrad Bremsstocken (ruckartige Schwankungen der Bremsleistung) auftritt, dann hilft es nicht selten, das Laufrad einfach zu drehen.

○○○○●○○ **1 Min.** ★

Lange Schrauben — **Mehr Sicherheit**

Schrauben Sie Ihre V-Brakes mit möglichst langen Schrauben in den Rahmen! Das sorgt für Stabilität und gute Kraftübertragung. 4

5 Min. ★ **Bike-Pack**

Rollerbrake — **Aufs Fett kommt's an!**

Wer eine Rollerbrake von Shimano fährt, der sollte sicherstellen, dass das spezielle Roller Brake Grease (ART. Nr. Y-04120400) verwendet wird. Bei erhöhten Bremsgeräuschen und sich verschlechternden Bremsleistungen ist Nachfetten gefordert.

20 Min. ★★★ **Heim-Werkstatt**

Rollerbrake — **Finger weg!**

Rollerbrakes sind keine Bremsen für die »große Tour«. Shimano warnt: »Vermeiden Sie auch kontinuierliche Betätigung der Bremsen beim Herunterfahren von langen Abfahrten... . Die INTER-M Bremsen sind für ein Gesamtgewicht von 100 kg entwickelt.« Finger weg!

Scheibenbremse — **Achtung Torx!**

Torx-Schrauben sind keine Inbusschrauben, sondern Innen-Vielkante. Sie bauen flacher auf (2,7 mm statt 3,8 mm Kopfhöhe) und haben mehr Kontaktfläche zum Schlüssel als Inbusschrauben ähnlicher Größe. Ergänzen Sie Ihr Werkzeugset dementsprechend. Viele Bremsscheiben und auch die Rohloff-Nabe sind mit Torx-Schrauben versehen. 25

★

Scheibenbremse — **Warum?** *Weltenbummler*

Scheibenbremsen gehört die Zukunft! Doch Sie radeln im Jetzt. Deshalb ist es ratsam, auf Sicherheit in der Ersatzteilversorgung zu setzen. Und das spricht für V-Brakes/Cantileverbremsen. Ein Reiseradler, der länger in extrem bergigem Terrain unterwegs ist, sollte hingegen mit einer Scheibenbremse liebäugeln. Sie hat keinen Felgenverschleiß und heizt die Felgen nicht auf. 600

Scheibenbremse — **Brauche ich neue Naben?**

Nicht zwingend: Wer Shimano LX-, XT- oder XTR-Naben ab dem Baujahr 1999 hat, kann auf den »Xtreme-Adapter« zurückgreifen. Dieser wird auf den linken Nabenflansch geschraubt. Anschließend speicht man 4 mm kürzere Speichen ein und nun kann die Bremsscheibe montiert werden. 50

5 Min.

Scheibenbremse — **Bremsbelag wechseln?**

Wenn der Bremsbelag weniger als 1,5mm Material hat, gehört er gewechselt.

Scheibenbremse — **Bremsen im Kopfstand verboten**

Wer seine Laufräder (samt Bremsscheiben) aus dem Rahmen nimmt und in die Bremshebel greift, der muss entlüften... also lassen Sie es!

★

Scheibenbremse *Bremshebel-Kompatibilität*

Verwenden Sie niemals Magura-Bremshebel für Felgenbremsen (z.B. HS 11 oder HS 33) an Scheibenbremsen. Auch die Scheibenbremse Julie, die die gleichen Züge verwendet, arbeitet nicht mit diesen Hebeln.

Scheibenbremse *Bremsscheibe montieren*

Die Befestigungsschrauben der Bremsscheiben werden über Kreuz festgeschraubt. Stellt man sich die Bremsscheibe als Ziffernblatt vor, so schrauben Sie zuerst die 10.00 Uhr-Schraube fest, dann die 4.00 Uhr-Schraube. Nun folgt die 2.00 Uhr-Schraube, anschließend die 8.00 Uhr-Schraube.

3 Min. ✶ ***Bike-Pack***

Scheibenbremse *Dampfstrahlen? Nein Danke!*

Nie mit dem Dampfstrahler direkt auf die Bremsen halten, das presst den Dreck in die Beläge – Defekte folgen!

Scheibenbremse *Die richtigen Schnellspanner*

30

Bei Scheibenbremsen sind Leichtschnellspanner tabu! Immer Modelle mit Stahlachse wählen, diese sind ausreichend stabil/steif.

✶

Scheibenbremse *Erinnerungsfarben*

Als bleibende Erinnerung an lange Bremsungen können sich die Bremsscheiben verfärben. Das ist nicht gefährlich.

Scheibenbremse *Ersatz vom Flohmarkt*

5

Wer auf dem Flohmarkt Bremsscheiben der alten Sachs Powerdisk findet, kann Sie auch an der Magura-Bremse Gustav M. verwenden. Sie passen perfekt.

5 Min.

Scheibenbremse *Finger vom Hebel, wenn das Laufrad fehlt!*

Betätigen Sie niemals den Bremshebel, wenn Sie das Laufrad ausgebaut haben. Manche Bremsen lassen sich im Anschluss nicht wieder auseinander drücken.

Scheibenbremse *Haarriss – Risiko?*

Auf der Bremsscheibe bilden sich bisweilen Riefen in Fahrtrichtung, die durchs Bremsen entstehen. Diese sind ungefährlich.

5 Min. ✶

Scheibenbremse *Justage schnell und preiswert*

20

Mit einer Fühlerlehre aus dem Werkzeugladen wird das Positionieren der Scheibenbremsen zum Kinderspiel. Statt mehrfachen Ausprobierens mit Unterlegscheiben kann man solide messen.

5 Min. ✶✶ ***Bike-Pack***

Scheibenbremse **Nachrüsten**

Auch wenn der Rahmen keine Aufnahme für eine Scheibenbremse hat, lässt sie sich mittels Adapter nachrüsten (Point und ShockTherapy bieten diese an). Leider erlöschen bei der Verwendung solcher Adapter die Gewährleistungsansprüche auf Rahmen und Bremse.

●○○○○○○

Scheibenbremse **Nur schwarze Magura-Klemmringe**

Mancher hat in seiner Werkzeugkiste noch die alten messingfarbenen Magura-Klemmringe zum Einschrauben der Leitungen. Nehmen Sie diese nur für Felgenbremsen. Für die Scheibenbremsen eignen sich ausschließlich die schwarzen Klemmringe.

○○●○○○○

Scheibenbremse **Pflege**

Verzichten Sie auf Rostentferner, Reinigungs- und Politurmittel, diese können die Beläge beschädigen. Zudem muss die Scheibe immer absolut fettfrei sein!

○○○○○●○ ★

Scheibenbremse **Rahmen vorbereiten**

Rahmen und Gabel für Scheibenbremse vorbereiten heißt, alle Kontaktflächen abzuschmirgeln.

○●○○○○○ **10 Min.** ★ **Profi-Werkstatt**

Scheibenbremse **Schläge bei Hitze = Gefahr**

Sollte sich die Scheibe beim Bremsen bis zur Glutröte erhitzen, so ist dies nicht weiter schlimm. Aber Vorsicht, die Scheibe ist dann sehr (Stein-)schlagempfindlich, es drohen dauerhafte Verformungen!

○○○●○○○

Scheibenbremse **Schleifen beheben**

Schleift eine Bremsscheibe, ist systemisches Vorgehen gefragt: (1) Überprüfen Sie alle Befestigungsschrauben (2) Kontrollieren Sie die Fräsungen an Rahmen und Gabel (3) Tauschen Sie die Scheibe der schleifenden Bremse gegen die der nicht schleifenden Bremse, sofern Ihr Rad mit zwei Scheibenbremsen ausgestattet ist. (4) Überprüfen Sie die Planheit der Scheibenaufnahme der Naben.

○●○○○○○ **30 Min.** ★★★ **Profi-Werkstatt**

Scheibenbremse — **Schnellspanner rechts!**

Bei Scheibenbremsnaben den Schnellspannerhebel immer rechts montieren, denn sonst verbrennt man sich schnell die Pfoten...

○○●○○○○ **5 Min.** ★

Scheibenbremse — **Service ist Pflicht**

Hat Ihre Bremse als Übertragungsmaterial Bremsflüssigkeit, so muss diese von Zeit zu Zeit gewechselt werden. Die Bremsflüssigkeit zieht Wasser an, das bei Hitze zu kochen beginnt.

○○○○○●○ **30 Min.** ★★★ **Bike-Pack**

Scheibenbremse — **Situatives Schleifen**

Schleift die Scheibenbremse nur in bestimmten Situationen, etwa bei Rechtskurven, dann kann die Lösung ein alter Schnellspanner mit Stahlachse sein. Die verhindern ein Verkanten der Nabe im Hinterbau oder der Gabel. Alte Shimano XT-Spanner der Jahre 1993-1994 sind Trumpf!

○○●○○○○ **5 Min.** ★ **Bike-Pack**

Scheibenbremse — **Speichenzahl**

Scheibenbremsen niemals radial einspeichen und ab 80 kg Fahrergewicht lieber 36 Speichen wählen.

●○○○○○○

Scheibenbremse — **Standard ist nicht gleich Standard**

Zwischen 1999 und 2000 wurde der Standard für Scheibenbremsmontagen an Rahmen und Gabel verändert: 1999 vorne 13,0 mm, hinten 16.0 mm; seit 2000: vorne 10,4 mm, hinten 15,3 mm. Demzufolge sind die Aufnahmen der alten Naben »zu kurz« – die Bremsscheiben stehen zu weit innen.

●○○○○○○

Scheibenbremse — **Symmetrie wahren**

Manche Scheibenbremse erlaubt die separate Einstellung der beiden Bremsbeläge. Achten Sie stets auf eine symmetrische Einstellung, sonst kann eine verschlissene Seite zur Überhitzung des Gehäuses und irreparablem Abrieb führen.

○○●○○○○ **5 Min.** ★★ **Bike-Pack**

Scheibenbremse — **Verwechslungen sind gefährlich**

Bremsflüssigkeit ist nicht identisch mit Hydraulik- oder Mineralöl. Niemals vertauschen!

○●○○○○○ ★

V-Brake — **Mit Rennbremshebeln kombinieren**

Sie wollen V-Brakes mit Rennbremshebeln kombinieren? Vorsicht, die Hebelverhältnisse stimmen nicht überein und müssen mit einem QBP Travel Agent angeglichen werden.

○○●○○○○ **30 Min.** ★★ **Bike-Pack**

V-Brake — **Einstellen 1**

V-Brake Bremsklötze sollten im vorderen Bereich zuerst aufsetzen, stellen Sie sie deshalb um ca. 0,5 bis 1mm schräg an.

○○●○○○○ **5 Min.** ★★ **Bike-Pack**

V-Brake — **Einstellen 2**

Die Bremsklötze sollten an der unteren Kante der Bremsflanke der Felge eingestellt sein.

○○●○○○○ **5 Min.** ★★ **Bike-Pack**

Federung

Luftfederung — **Warum sie gut ist**

Der Reiseradler hat es besonders schwer, denn die Federung muss immer wieder auf das veränderte Systemgewicht (Fahrer + Rad + Gepäck) abgestimmt werden, wenn man optimalen Federungskomfort wünscht. Am einfachsten lässt sich das mit Luftfederelementen realisieren.

●○○○○○○

Allem voran — **Und grundsätzlich**

Wer seine Federung nicht weich und sanft abstimmt, der schleppt das Zusatzgewicht der Federung mit sich herum, ohne die potenziellen Komfortvorteile auszuschöpfen.

○○●○○○○

Billiggabel — **Fett bringt's**

Gerade preiswerte Gabeln lassen sich durch eine Demontage und anschließende sorgfältige Montage mit viel Fett und Öl (die Anleitung sagt, wo) hervorragend tunen. Tun Sie dies im Neuzustand der Gabel.

○○●○○○○ **50 Min.** ★★★ **Heim-Werkstatt**

Doppelbrückengabeln — **Vorsicht beim Nachrüsten**

Doppelbrückengabeln erscheinen fürs Reiserad ideal, denn sie sind sehr steif! Doch Vorsicht beim Nachrüsten: Nicht jeder Rahmen hält den Belastungen durch diese Gabeln stand. Vor dem Einbau unbedingt den Rahmenhersteller kontaktieren.

●○○○○○○

Druckstufendämpfung — **Eignung**

Die Druckstufendämpfung dient ausschließlich als Durchschlagschutz. Je härter man die Druckstufendämpfung einstellt, desto schlechter wird das Ansprechverhalten der Federung. Nur wenige Federelemente bieten eine einstellbare Druckstufendämpfung.

○○●○○○○ **15 Min.** ★★ **Bike-Pack**

Druckstufendämpfung — **Optimale Einstellung**

Generell sollte man die Druckstufendämpfung so gering wie möglich einstellen, damit das Ansprechverhalten gut bleibt. Achten Sie aber darauf, dass ausreichend Durchschlagschutz besteht.

○○●○○○○ **30 Min.** ★★

Einstellen — **»Nervensäge Pumpen-Zischen«**

Wer kennt das nicht: Das Federelement ist exakt aufgepumpt und dann entweicht beim Abschrauben der Pumpe mit einem Zisch Luft und damit die exakte Einstellung. Die Firma Reset bietet den »Air-Port-Ventiladapter«. Er verhindert dies! 25

○○○●○○○

Elastomere tunen — *Elastomere zu hart*

Nehmen Sie die Elastomere heraus, entfetten Sie sie und bringen Sie mit einer Schleifscheibe auf einer Flex eine 2 mm tiefe umlaufende Rille in jedes Elastomer ein. Beginnen Sie mit einer Rille und machen Sie anschließend eine Probefahrt. Sollten Sie den Federweg der Gabel immer noch nicht ausnutzen können, bringen Sie im Abstand von jeweils etwa 15 mm weitere Rillen ein.

20 Min. ★★★ **Heim-Werkstatt**

Elastomere tunen — *Fett bringt's*

Zuerst fetten Sie die Federn und Elastomere und anschließend alle beweglichen Teile im Bereich der Stand- und Tauchrohrverbindung.

50 Min. ★★★ **Heim-Werkstatt**

Eloxalflächen — *Schönheitsfehler*

15

Angelaufene Harteloxalflächen, etwa an Standrohren von Federgabeln, erstrahlen zu neuem Glanz, wenn man sie mit Vielzweck-öl (am besten Brunox) einsprüht, dieses einziehen lässt und nach 60 Minuten trocken reibt. Harte Fälle benötigen mehrere Durchgänge.

60 Min. ★★ **Standard**

Federgabel — *Neue Farbe mit Vorsicht*

Das Lackieren von Federgabeln ist eine Sache für Profis: Sie dürfen nur entlackt und nicht gesandstrahlt werden... Zudem müssen alle Gewinde und Laufflächen bei allen Arbeitsschritten geschützt werden.

Federgabel — *Palstikallergie*

70

Die Einstellschrauben mancher Federgabeln sind aus Kunststoff. Das ist wenig elegant und langlebig. Besser für Touren: RockShox und Kleinteilespezialist Reset bieten feinsten aus Alu gearbeiteten Ersatz.

15 Min. ★ **Bike-Pack**

Federgabel-Tuning — *Spritzen helfen*

5

Noch besser dosieren lässt sich das Gabelöl in einer Spritze. Einmal aufgezogen, kann es punktgenau dosiert werden. So lassen sich auch einige Tropfen unter die Dichtlippen der Tauchrohre geben.

5 Min. ★

Federhärte — *Theoretisch ermitteln*

Fahrergewicht x 4,5 geteilt durch den Kolbenhub in Inch multipliziert mit dem Übersetzungsverhältnis des Hinterbaus ergibt die allgemein übliche Federhärte in Pounds/Inch.

20 Min. ★★ **Bike-Pack**

Federung — *Saubermann selbst gebaut*

GELÄNDE-TOURER

5

Das Federelement liegt bei vielen Rahmen direkt in der »Dreckschuss-Richtung« des Hinterrades: Halbieren Sie eine 0,7 PET Flasche und befestigen Sie diese an einem Rohr (Rahmen oder Schwinge) zwischen Reifen und Federelement, beziehungsweise Umwerfer/Tretlager. Das hält den Dreck fern.

20 Min. ★ **Bike-Pack**

Federung — *Verlangt einen anderen Fahrstil*

Passen Sie Ihren Fahrstil auch an das voll gefederte Fahrrad an: Ruckartige Sprints, unrunder Tritt und kantiges Manövrieren sind Relikte des ungefederten Rades. Mit der Vollfederung fahren Sie »vornehm« und komfortabel am ungefederten Radler vorbei.

★

Federung einstellen — *Allgemein*

GELÄNDE-TOURER

Als Grundregel sollte ein sportives Fahrwerk auf einer durchschnittlichen Geländefahrt mindestens zweimal durchschlagen, ansonsten ist die Federung zu straff abgestimmt.

Federung einstellen — *Gleiche Strecke, unterschiedliche Einstellung*

GELÄNDE-TOURER

Fahren Sie eine Passage mehrfach mit verschiedenen Einstellungen der Federung. So finden Sie »Ihre« Einstellung am schnellsten.

60 Min. ★★ ***Bike-Pack***

Federungssysteme fürs Reiserad — *Aktiver Eingelenker Vorteile*

Die aktive Eingelenker-Federung besteht aus einer Hinterbauschwinge, die an einem Drehpunkt mit dem Rahmen verbunden ist. Das Tretlager befindet sich im Hauptrahmen, während des Federns bleiben Sattel und Kurbel im gleichen Abstand. Ist der Schwingendrehpunkt optimal positioniert (und dies lässt sich nur für eine Kettenlinie realisieren) und ausreichend dimensioniert, so ist das System optimal für Reiseradler.

Federungssysteme fürs Reiserad — *Aktiver Eingelenker Nachteile*

Leider kann die aktive Eingelenkschwinge nur auf eine Kettenlinie abgestimmt werden. Das bedeutet, dass lediglich eine Kettenlinie (ein Gang) optimal Antrieb und Federung voneinander trennt.

Federungssysteme fürs Reiserad — *Antriebs-Schwinge Vorteile*

Cantilever-Schwingen sind ähnlich dem Eingelenker aufgebaut, integrieren allerdings das Tretlager mit in die Schwinge. Vorteil ist die weitgehende Entkopplung von Antrieb und Federung. Das Rad neigt weniger zum Wippen.

Federungssysteme fürs Reiserad — *Antriebs-Schwinge Nachteile*

Durch die Integration des Tretlagers in den Antrieb erhöht sich die ungefederte Masse, das System spricht weniger fein an. Zudem variiert durch das Federn der Abstand von Sattel und Tretlager, das ist nicht jedermanns Sache...

Federungssysteme fürs Reiserad — *Komfortfederung Vorteile*

Komfortfederung ist Marketing-Deutsch und heißt: »Die richtige Federung fiel dem Geldsparen zum Opfer«. Die Komfortfederung besteht meist aus einer gefederten Sattelstütze und einer Federgabel oder einem gefederten Vorbau. Vorteil ist: Geht die Federung kaputt, lassen sich ungefederte Ersatzteile einbauen. Wer eine unkomplizierte Art des Gepäckträgers haben möchte, dem bietet der Hinterbau des »komfort«-gefederten Rades traditionell »Kontaktpunkte«.

Federungssysteme fürs Reiserad — *Komfortfederung Nachteile*

Wer die Federung an seinem Rad haben will, um Komfort zu erreichen, der sollte die Finger von der Komfortfederung lassen. Zu hoch sind die ungefederten Massen, als das wirklicher Komfort realisierbar wäre. Diese Räder kosten meist nicht soviel, sie sind aber noch seltener »preiswert«. Ach ja, das Gepäck bleibt ungefedert, das ist auch nicht clever.

Federungssysteme fürs Reiserad — *Softride – Vorteile*

Das Allsop Softride-Federungssystem besteht aus einem Karbonbalken, der statt der Sattelstütze Rahmen und Sattel verbindet. Dafür ist ein spezieller Rahmen notwendig. Vorteile des Systems sind sehr gutes Ansprechverhalten, geringster Wartungsbedarf und keine Wechselwirkung zwischen Antrieb und Federung im eigentlichen Sinne.

Federungssysteme fürs Reiserad — *Softride – Nachteile*

Das Softride-System hat drei gravierende Nachteile: Sofern Sie keinen runden Tritt haben, werden Sie auf dem Softride-Balken stets etwas auf und ab wippen. Zweitens sind nur Sie und nicht das Gepäck komfortabel gefedert und drittens fällt es schwer, das Rad »mit dem Hintern« zu lenken, da der Balken sich auch seitlich bewegen kann. Zudem wird das Angebot an Softride-Rahmen zusehends geringer.

Federungssysteme fürs Reiserad — Viergelenker Vorteile

Das Hinterrad ist beim Viergelenker mittels einer Strebenkonstruktion und vier Drehpunkten mit dem Hauptrahmen verbunden. Auf diese Weise entsteht ein so genannter virtueller Drehpunkt, um den sich das einfedernde Hinterrad dreht. Ergebnis ist ein entkoppelter Antrieb. Zudem gelten Viergelenker – richtige Dimensionierung vorausgesetzt – als sehr steif.

●○○○○○○ ★

Federungssysteme fürs Reiserad — Viergelenker Nachteile

Nachteil des Viergelenkers ist die komplexe Technik (viele Gelenke = viel Wartung, viel Defektrisiko usw.) und deshalb das sehr geringe Angebot reisetauglicher Viergelenker.

●○○○○○○

HeadShox von Cannondale — Federgabeladapter

Cannondale hat fürs HeadShox-Federsystem ein spezielles Steuerkopfrohr. Da passen keine herkömmlichen Gabeln hinein. Cannondale bietet unter der Bezeichnung A388 Reduzierhülsen an.

○○●○○○○ **60 Min.** ★★★★ **Profi-Werkstatt**

Hebelverhältnis des Hinterbaus — Ermitteln

Bauen Sie die Stahlfeder aus dem Element oder lassen Sie die Luft aus dem Luftfederelement. Nehmen Sie nun das Maß vom hinteren Ausfallende bis zum Ende des Sattels. Drücken Sie nun das Federelement komplett ein und messen Sie erneut. Die Differenz dieser beiden Messungen ist der effektive Federweg. Messen Sie nun den Kolbenhub des Federelementes. Das Verhältnis vom Kolbenhub zur Differenz der beiden »Sattelmessungen« ist das Hebelverhältnis Ihres Hinterbaus.

○○●○○○○ **20 Min.** ★★ **Bike-Pack**

Lagerung — Beachten

Achtung: Räder mit Ölfedergabel nicht lange senkrecht aufhängen, Öl läuft aus – oder zumindest durch die Dämpfungslöcher und muss nach dem Start erst wieder zurücklaufen.

○○○○○●○ **5 Min.** ★

Luftfederung — Druckverlust beim Aufpumpen

Wenn das Luftfederelement sich nicht richtig befüllen lässt, weil beim Abschrauben der Pumpe stets zu viel Luft zischend entweicht, dann ist der Ventilstift zu lang. Schrauben Sie das Ventil auseinander, und kürzen Sie den Stift um 1-2 mm.

○○●○○○○ **20 Min.** ★★★ **Heim-Werkstatt**

Negativdruckkammer — Richtig einstellen

Hat Ihr Luftfederelement eine befüllbare Negativ-Luftkammer, so können Sie das Losbrechmoment des Elementes exakt auf Ihre Bedürfnisse einstellen. Füllen Sie zuerst die Positiv-Luftkammer bis der gewünschte Negativ-Federweg erreicht ist. Nun füllen Sie die Negativ-Kammer, bis das Federelement auf die kleinste Unebenheit reagiert.

○○●○○○○ **10 Min.** ★★ **Bike-Pack**

SID-Dämpfer — *Schlürfgeräusche*

Wenn der SID-Dämpfer schlürft, ist dies ein Zeichen für Luft im Ölbad; ein Ölwechsel hilft! Eventuell ist auch die Innenbeschichtung rau. Hier kann nur der RockShox-Service helfen.

○○○○○●○

Manitou 2000er TPC-Sport Dämpfungssystem — *Tunen*

Zum einen lässt sich die Viskosität des Öls ändern, zweitens kann man das Öl einfach weglassen (ergibt nur bei sehr leichten Fahrern Sinn), als Drittes kann der Händler die Löcher der Druckstufendämpfung von 1,5 auf 2,5 mm aufbohren (hat viel Effekt bei der Zugstufe). Zuletzt kann der Händler die Dämpferblättchen (Shims) anbohren. Diese Maßnahmen wirken auch bei billigen Gabeln Wunder!

○○●○○○○ **60 Min.** ★★★ ***Profi-Werkstatt***

Zugstufendämpfung — *Wofür sie gut ist*

Die Zugstufendämpfung ist besonders für die Fahrsicherheit und die Reifentraktion wichtig. Probieren Sie verschiedene Einstellungen aus!

○○●○○○○ **15 Min.** ★★ ***Bike-Pack***

Laufrad

27 oder 28? — *1*

400

27“ sind ein alter Hut. Noch vor 10 Jahren war dies anders. Beispielsweise rüstete Cannondale seine Trekkingräder noch damit aus. Reifen gibt es noch. Wer einen Felgenschaden hat, sollte auf das kleinere (!) 28“-Maß umsteigen, hier ist die Felgen- und Reifenauswahl »grenzenlos« und der Ersatz sichergestellt.

○●○○○○○ **2 Stunden** ★★ ***Bike-Pack***

27 oder 28? — *2*

Genau betrachtet: 27“ hat einen Felgendurchmesser von 630 mm. 28“ hat einen Felgendurchmesser von 622 mm. Ergo lassen sich Schläuche beliebig einsetzen, nicht aber Reifen!

○●○○○○○

Achter vermeiden

80

Fahren Sie breitere Reifen und achten Sie auf hohen Reifendruck.

○○●○○○○ **15 Min.** ★ ***Bike-Pack***

Alte Reifen werden zu Rettern

3x5 cm große Stücke aus alten wenig profilierten Reifen werden zum Retter in der Not, wenn Sie bei einer Panne nicht nur einen Schlauch, sondern auch den Mantel zerstören. Einfach das Reifenstück innen über den Spalt legen und mit Gaffa fixieren. Aufpumpen und weiter geht`s!

○○○○●○○ **10 Min.** ★★ ***Bike-Pack***

Bremsflanken — *Minimum der Wandstärke*

Bei Felgen gilt 1 mm als »Schmerzgrenze«: Darunter wird es riskant!

○○○○○●○ **15 Min.** ★

Felge — *Verschleiß-Schnelltest*

Stellen Sie die Bremse so knapp ein, dass das Laufrad sich noch gerade drehen lässt. Erhöhen Sie nun den Reifendruck um 1 Bar. Schleift das Laufrad nun, muss die Felge gewechselt werden.

○○○●○○○ **5 Min.** ★★ ***Bike-Pack***

Felge verbeult — *Richten*

Felge in die Hand nehmen und über den Kopf halten, sodass die Beule oben steht und nach vorne zeigt. Schwung holen und die Felge auf den Boden oder einen Baumstumpf schlagen. Ist die Felge ausgebeult, Reifen montieren und nach Hause radeln. Sie können das Rad auch in ein Langlochgully oder die Zwischenräume einer Parkbank einlegen und gerade biegen.

○○○○●○○ **20 Min.** ★★ ***Standard***

Felgenverschleiß — *Messgerät selbst gebaut*

Sie benötigen einen Messschieber, zwei Steuersatzkugeln, etwas Fett und Heißkleber. Fetten Sie die Messflächen, kleben Sie nun auf jede Messfläche eine Kugel und achten Sie darauf, dass die Kugeln auf einer Achse liegen. Beseitigen Sie überflüssigen Kleber. Nun messen Sie die Dicke des Felgenhorns. Nicht vergessen: Vom Messwert die Stärke der beiden Kugeln abziehen.

○○○○○●○ **20 Min.** ★★ ***Heim-Werkstatt***

Höhenschlag im Reifen — *1*

In etwa 6 mm Abstand zum Reifeninnenrand läuft eine Linie. Diese ist bestens geeignet, um einen Höhenschlag des Reifens zu diagnostizieren. Hat der Reifen am Ventil einen Höhenschlag, lassen Sie Luft ab und drücken Sie das Ventil erst in den Reifen und ziehen Sie es dann wieder leicht heraus.

○●○○○○○ **10 Min.** ★ ***Bike-Pack***

Höhenschlag im Reifen — *2*

Haben Sie den Reifen mit ein wenig Luft gefüllt, sollten Sie ihn mit der Hand durchwalken.

○○●○○○○ **5 Min.** ★ ***Bike-Pack***

Höhenschlag im Reifen — *3*

Reifenmontagepaste ist nur bei Alufelgen ratsam, bei Stahlfelgen droht Rutschen des Reifens. Die Inhaltsstoffe der Paste sind der Schmierseife sehr ähnlich... es lässt sich also Geld sparen. Nur bei Alu-Felgen!

○●○○○○○ **5 Min.** ★ ***Bike-Pack***

Höhenschlag im Reifen — *4*

Höhenschläge im Reifen können auch ein Indiz für Schäden an der Karkasse sein. In seltenen Fällen ist dies bereits bei Neureifen festzustellen.

○○○○●○○ **10 Min.** ★★ ***Bike-Pack***

Naben — *Schmieren, aber richtig*

Die Lagerkäfige der Naben blasen Sie am besten mit Pressluft heraus. Anschließend sollten Sie die Nabenlaufflächen säubern und »überschmieren« (zu deutsch: viel Fett – viel Nutzen). Bauen Sie alle Konen und Kappen ein, das überschüssige Fett quillt heraus und bildet einen weiteren Schutz gegen Dreck und Wasser. Mit Ölbohrungen sollten Sie vorsichtig sein, weil zu viel Öl die Fettschmierung verdünnt.

○○○○○●○ **30 Min.** ★★★★ ***Profi-Werkstatt***

Platten — *Flicken ohne Flicken*

Es muss ohne Flickzeug geflickt werden? Aufrauen, Pattex aufbringen, 10 Minuten warten. Dies einige Male wiederholen, dann einen Leinenstreifen ebenfalls mit Pattex tränken und 10 Minuten warten. Beides kräftig zusammendrücken. Jetzt ohne Kontrollpumpen in den Reifen einlegen und behutsam aufpumpen.

○○○○●○○ **25 Min.** ★★★ ***Bike-Pack***

Platten — *Improvisieren*

»Löffel zu Reifenhebern«: Ist kein Reifenheber zu finden, tut es auch ein sanft geformter Löffel. Doch seien Sie vorsichtig, Risse im Schlauch müssen Sie allein auslöffeln.

○○○○●○○ **10 Min.** ★★★

Platten — *Keinen Mantelheber*

Hier nun ein Lob auf die alten und schweren Schnellspanner von Shimano, Campagnolo und Co. Sie machen im Notfall einen guten Mantelheber aus. Doch Vorsicht: Mantel, Schlauch und Felge können leicht Schäden durch den Metallhebel erfahren. Also vorsichtig ansetzen und behutsam hebeln.

○○○○●○○ **5 Min.** ★★

Reifen — *Wechselspiel*

Wechseln Sie die Reifen nach 1000 km: Ziehen Sie den vorderen hinten auf und umgekehrt. So verschleißen die Reifen gleichmäßig, ansonsten verschleißt der hintere Reifen ein Drittel schneller.

○○○○○●○ **15 Min.** ★ ***Bike-Pack***

Reifenmontage — *Enge Reifen*

Lässt sich der Reifen nur schwer montieren, einfach das Felgenhorn mit Spülmittel einreiben. Nun flutscht der Reifen besser.

○○○○●○○ **5 Min.** ★★★

Reifenpanne — *1*

Besser als nichts (aber nur sehr wenig besser) ist es, den Reifen mit Stroh oder Gras zu füllen. Damit können Sie aber nur »rollern«, an wirkliches Rad fahren ist nicht zu denken!

○○○○●○○ **30 Min.** ★★★ ***Standard***

Reifenpanne — *2*

Besser ist es, den Schlauch abzuknoten: Suchen Sie die Stelle mit dem Loch und binden Sie einen Knoten derart, dass der Bereich mit dem Loch vom Rest des Schlauches separiert wird.

○○○○●○○ **15 Min.** ★★★ ***Standard***

Reifenpanne — *3*

Ist der Reifen selbst kaputt – etwa an der Flanke gerissen –, so sollte man die Folie eines Energieriegels, ein ausgeschnittenes Stück Plastikflasche oder einen Geldschein (sehr zäh!) großflächig über den Riss legen und anschließend innen wie außen mit mehreren Bahnen Gaffa überkleben. Bis 2,5 Bar aufpumpen und vorsichtig zurück in die Zivilisation radeln.

○○○○●○○ **30 Min.** ★★★ ***Standard***

Schlauchreifen — *Nichts für die Radtour!*

Sicher, ein Hinweis nur für Besitzer alter Rennräder, denn Schlauchreifen sind rar geworden. Was Sie auf der Rennpiste schnell macht, wird Ihnen auf Tour zum Verhängnis: Sie laufen leicht, sind aber sehr pannenträchtig und zeitaufwändig beim Flicken.

●○○○○○○ ★

Schnellspanner — *Brauche ich sie?*

70

Schnellspanner erlauben die schnelle Demontage der Räder, darüber freuen sich aber auch Langfinger. Deshalb sichern Sie die Schnellspanner oder ersetzen Sie sie durch spezielle Systeme (z.B. PITLOCK). Sichern wie folgt: Rahmenrohre direkt neben dem Hebel mit Gaffa gegen Verkratzen sichern und anschließend eine Schlauchschelle um Spannhebel und Rohr montieren.

●○○○○○○ **20 Min.** ★★ ***Standard***

Speichen — *Komische Bezeichnungen*

WELTEN-BUMMLER

Wer in die Verlegenheit kommt, im englischen Sprachraum Speichen kaufen zu müssen, der sollte bedenken, dass die Speichendicke in »gauge« angegeben wird, und dass 14 gauge 2 mm entsprechen und 15 gauge 1,8 mm!

●○○○○○○

Speichen — *Zu lang*

Biegen Sie den Speichen starke Wellen. Das verkürzt sie und erlaubt so ihre Montage. Das Prinzip entspricht der »Rödel«-Speiche, die Anfang der neunziger Jahre auf den Markt kam. Allerdings sollten Sie beim Einspeichen vorsichtig sein und keinesfalls eine zu hohe Speichenspannung einbringen, diese »längt« die Speiche nämlich wieder.

○○○○●○○ **15 Min.** ★★★ ***Bike-Pack***

Ventilloch — *Klein in groß*

Ihre Felge ist passend für Autoventile aufgebohrt und Sie haben einen Sclaverand-Schlauch montiert. Keine Sorge, das ist bei extremen Fahrsituationen sogar vorteilhaft, es gibt dem Ventil Raum zum Bewegen.

○●○○○○○ ★

Lenkung

Aheadset — *Montage unterwegs*

15 Aheadset-Krallen montiert man einfach mittels einer langen M6-Gewindestange. Die Kralle an einem Ende einschrauben, das lange Ende durch den Gabelschaft stecken und am anderen Ende eine große Unterlegscheibe auflegen. Nun kann man die Kralle einziehen, indem man eine Mutter auf die Unterlegscheibe schraubt. Mitdrehen der Kralle verhindern Sie durch eine Kontermutter.

○○○○●○○ **10 Min.** ✶✶ ***Bike-Pack***

Barends — *Niemals Innenklemmung*

Barends werden gerne und häufig nachgerüstet. Modelle mit Innenklemmung sollten allerdings nicht gewählt werden. Diese können einen Lenkerriss hervorrufen.

●○○○○○○ ✶

Gabel — *Richten*

Vorderrad herausnehmen, Pullover ausziehen, Ärmel des Pullovers mehrfach umschlagen, nun je einen Pulloverärmel über eine Gabelscheide ziehen und anschließend die Gabelscheiden in einen Gully mit Langlöchern stecken. Jetzt mit Vorsicht durch Hebeln am Rahmen die Gabel zurückbiegen.

○○○○●○○ **30 Min.** ✶✶✶✶ ***Standard***

Gabelkonus — *Halt verschaffen*

Wackelt der Gabelkonus auf der Gabel, gibt es eine Lösung: Legen Sie die Gabel auf ein Holzbrett und hämmern Sie mit einem Körner leichte Einschläge auf die Sitzfläche des Konus' rund um das Gabelschaftrohr. Am Rand der Einschläge wird Material aufgeworfen, das dem Konus besseren Halt gibt. (Grund für mangelnde Passung sind oft auch die zwei verschiedenen Standards 26,4 mm und 27 mm).

○○○○●○○ **20 Min.** ✶✶✶✶ ***Heim-Werkstatt***

Griffe — *Passive Sicherheit*

Lassen Sie die Lenkergriffe einen Zentimeter über den Lenkerrand hinausstehen. Das federt an den Außenseiten und verhindert Kratzer an Autos, Scheiben und Wänden.

○○●○○○○ **5 Min.** ✶ ***Bike-Pack***

Handschmerzen — *Abhilfe*

25 Der Rennlenker bietet durch seine vielen Griffpositionen die Möglichkeit, die Belastungen zu wechseln. Dickeres und weicheres Lenkerband (z.B. »Cork Ribbon« von »Cinelli« oder »Grab On«) sorgt ebenfalls für Abhilfe. Spezielle Handschuhe schützen die eigene Haut nicht nur bei Stürzen, sondern federn auch Fahrbahnunebenheiten ab.

○○●○○○○ **20 Min.** ✶✶ ***Bike-Pack***

Hebel — Halbfest mehr Sicherheit

Ziehen Sie die Brems- und Schalthebel am Lenker nur so fest, dass sie gut funktionieren, sich aber noch verdrehen lassen. Im Falle eines Sturzes werden sich die Hebel dann verdrehen, anstatt zu brechen.

○○●○○○○ **5 Min.** ★★ **Bike-Pack**

Lenker — Bruch schienen

10

Ist der Lenker gebrochen, so kann man einen Stock in beide Stücke stecken und sie so wieder miteinander verbinden. Von außen kann man mit weiteren Stöcken oder Metallstücken (auch Reifenheber eignen sich) bandagieren. Kabelbinder, Rohrschellen oder Gaffa sorgen für die benötigte Spannung. Kleber zwischen den verschiedenen Schichten der Schienen erhöht die Stabilität.

○○○○●○○ **30 Min.** ★★★ **Standard**

Lenkerinneres — Verkanntes Materiallager

WELTENBUMMLER

10

Ein Ersatzzug lässt sich vorsichtig gefaltet im Lenkerende verstauen, ebenso ein wasserdicht verpackter Geldschein und einige Kabelbinder. Sollte die Ladung klappern, einfach einen kleinen Putzlappen ergänzen.

○○●○○○○ **15 Min.** ★ **Standard**

MTB-Lenker — Die optimale Schaltung

GELÄNDETOURER

250

Alt und bewährt sind Daumenschalthebel. In guter Qualität wurden sie leider nur bis ins Zeitalter der 7-fach-Zahnkränze gebaut und sind heute auch aus zweiter Hand nicht mehr zu bekommen. Drehschalter haben den Vorteil, dass sie sich nahe am Lenker befinden und deshalb bei Stürzen nur selten Schaden nehmen. Zudem kann man sie hinsichtlich der Kabelführung optimal auf dem Lenker montieren, ohne die Ergonomie zu beeinträchtigen. Rapid-Fire-Hebel von Shimano sind sehr zuverlässig, haben aber den Nachteil, dass sich dicke Handschuhe zwischen den Hebeln einklemmen können.

●○○○○○○

Rennlenker — Die optimale Schaltung

REISERADLER

300

Am Rennlenker optimal sind Lenkerendschalter, wie sie im Querfeldeinradsport genutzt wurden. Die Schalter sind leicht, äußerst stabil und wartungsarm. Außerdem kann man die Rasterung ausschalten. Verglichen mit STI Schaltbremshebeln von Shimano muss man beim Schalten jedoch den Bremshebel verlassen und zum Lenkerende greifen. Das ist etwas weniger komfortabel.

●○○○○○○

Rennlenker — Mehr Bremse am Rennlenker

140

Rennlenker bieten viel Komfort, doch im Oberlenkergriff ist der Weg zum Bremshebel weit. Die »Frog Legs« Hebel können am Oberlenker montiert werden und so entsteht ein zusätzliches Paar Bremshebel. Extra Bremszüge sind nicht nötig, allerdings müssen die Züge neu verlegt und meist muss neues Lenkerband verlegt werden. Vorsicht vor Kollisionen mit der Lenkertasche (über O.C.Cyclingsparts 06889/1453).

○○●○○○○ **30 Min.** ★★

WELTEN-BUMMLER

Steuersatz — *Leben verlängern*

Öffnen Sie den Steuersatz, nehmen Sie die Kugeln aus dem Haltering heraus und legen Sie sie mit viel Fett und einer ergänzenden neuen Kugel (achten Sie auf die richtige Größe) wieder ein. Nun können die Kugeln nicht mehr in die »ausgeschlagenen« Löcher rutschen und der Steuersatz läuft wieder. Optimal ist es, wenn Sie gleichzeitig die Steuersatzschalen verdrehen. Oben 45 Grad nach rechts und unten 45 Grad nach links.

○○●○○○○ **60 Min.** ★★★★ ***Profi-Werkstatt***

Steuersatz — *Retten*

10

Ist der Steuersatz hin, lässt er sich wiederbeleben, indem man ihm minimal kleinere Kugeln »füttert«. Sie laufen in anderen Bahnen und so lassen sich weitere Betriebsstunden herausschinden.

○○○○●○○ **60 Min.** ★★★ ***Profi-Werkstatt***

Rahmen

Anschaffung — *Erst Stabilität, dann Gewicht*

500

Sobald der Rahmen leicht wird, muss er teuer sein, um langfristig halten zu können. Umkehrschluss: Billigrahmen, die schwer sind, sind meist auch stabil. Wählen Sie diesen oder ein High-End-Modell. Alles dazwischen ist ein Kompromiss, dessen genaue Gewichtung Sie nicht erkennen können.

●○○○○○○ **15 Min.** ★

Anschaffung — *Qualitätssignale 1*

Bei Aluminium gilt: Austauschbares Schaltwerkauge ist Pflicht, die Schuppen der Schweißnähte müssen gleichmäßig und ohne Einkerbungen oder Krater sein.

●○○○○○○ **5 Min.** ★

Anschaffung — *Qualitätssignale 2*

Achten Sie bei Rahmen auf eine Rahmennummer und einen Aufkleber über die Güte des verwendeten Materials. Schauen Sie in den Rahmen und prüfen Sie die Rohrübergänge. Sind sie stumpf oder passungsgenau? Das lässt sich besonders am Tretlager erfühlen. Ein Blick auf die Gewinde am Tretlager offenbart die Detailliebe einer Firma.

○●○○○○○ **5 Min.** ★★

Kleine Lackschäden

Kleine Lackschäden können Sie mit Schleifpaste aus dem Automobilhandel beheben: auftragen, fünf Minuten einwirken lassen und nachpolieren. 15

15 Min. ★★ **Bike-Pack**

Kratzer — *Lack beschaffen*

Ihr Rahmen hat einen Kratzer? Kaufen Sie eine entsprechende Modellbaufarbe. Wer auf die Zusendung des Originaltons durch den Hersteller wartet, der wartet meist lange und zahlt oft knackig dafür. 4

★

Qualität — *Scheingeschäfte*

Rahmenaufkleber, die die Güte des Rahmenrohres ausweisen, sind mit Vorsicht zu genießen. »Tri Tubi« als Ergänzung auf dem Aufkleber heißt beispielsweise, dass lediglich die drei Hauptrohre des Rahmens (Sitz-, Ober- und Unterrohr) aus diesem Rohrsatz stammen. Einige Billighersteller gehen noch weiter, bei ihnen ist lediglich das Rohr, auf dem der Aufkleber angebracht ist, aus dem entsprechenden Material.

Qualitätsmerkmale — *Konstruktion*

Entscheidender Parameter für die Stabilität des Rahmens ist seine belastungsgerechte Konstruktion. Stimmt diese, muss noch die Verarbeitung optimal sein, dann hat der Rahmen alle Chancen auf ein langes Leben. Vorausgesetzt, er wird nie überlastet...

Qualitätsmerkmale — *Kostentreiber*

Erster Preistreiber ist das Rahmenmaterial: Titan, Karbon, Alu, Stahl sind die geläufigsten Werkstoffe. Während Titan und Karbon »immer« teuer sind, ist bei Stahl und Aluminium auf die exakte Legierung zu achten. Auch die Verarbeitung des Materials ist entscheidend: Sind die Rohre gezogen (besser) oder geschweißt? Sind die Rohre endverstärkt (leichter und stabiler) oder von durchgehender Wandstärke? Als nächster Schritt: Ist die Verarbeitung materialgerecht und von ausreichender Qualität?

Rahmenbruch — *Flicken oder Schweißen*

WELTENBUMMLER 50

NUR FÜR HARDCORE-ANWENDER UND EXTREME NOTLAGEN! Mit einem Stock im Inneren und mindestens 5 Lagen Dosenblech außen das Rohr schienen. Die Bleche mit Kabelbindern oder Rohrschellen sichern. Muss die Reparatur einige Zeit halten, so sollten die Blechlagen mit Zwei-Komponenten-Kleber aufgetragen werden. Befindet sich der Riss im Zugbereich (z.B. Unterrohr), so ist es ratsam, die Zugbelastung der Schiene zu reduzieren: (Stahl-)Seil oder dicken Stoff am Tretlager befestigen, um das Steuerkopfrohr herumführen und wiederum im Tretlagerbereich befestigen. Eventuell mehrere solcher Schlingen möglichst stramm ziehen. Nun mit einem Schraubendreher, einer Eisenstange oder einem Zelthering das Seil in der Mitte zwischen Tret- und Steuerkopflager verdrehen. Ist das Seilwerk ausreichend fest, um Zuglast aufnehmen zu können, muss der »Propeller« gegen Aufdrehen gesi-

chert werden. Dafür bietet es sich an, ihn am Flaschenhalter zu verkeilen oder evtl. an der Pumpenspitze zu stoppen. Auf jeden Fall mit einer Rohrschelle oder mehreren Kabelbindern sichern, da er unter hoher Spannung steht. Passen Sie Ihren Fahrstil dem Rahmenzustand an und verzichten Sie auf Wiegetritt und Sprints!

2 Stunden ★★★★

Rostschutz 1 — Zähes Fett hilft dauerhaft

15 Vorbauten und Sattelstützen sollten mit besonders zähem Fett versehen werden, weil sie nur selten herausgenommen werden. Wischen Sie überschüssiges Fett so ab, dass eine kleine »Schutzwulst« bleibt.

15 Min. ★★ ***Bike-Pack***

Rostschutz 2 — Folie hilft

15 Ein idealer Schutz für die Rahmenoberfläche ist Tankschutzfolie aus dem Motorradzubehörhandel. Lässt sich passend zurechtschneiden und ist äußerst hart im Nehmen.

15 Min. ★★ ***Bike-Pack***

Weltenbummler

Schaltauge — Verbogen

Alte Konustechnik der Naben ist hier von Vorteil: Das Hinterradachsgewinde entspricht dem Gewinde des Schaltauges. Deshalb einfach ein zweites Hinterrad in das Auge eindrehen (mittels Konusschlüssel) und anschließend den Abstand der Felge an mindestens vier Punkten (Felge als Ziffernblatt betrachten, Position 12, 3, 6 und 9 Uhr) vermessen. Nun das eingeschraubte Hinterrad als Hebel zum Ausrichten des Auges nutzen. Niemals dabei das Rad aus dem Hinterbau nehmen!

20 Min. ★★ ***Standard***

Schnellcheck — Alle drei Wochen

Durch regelmäßiges Messen des Radstandes lässt sich sicherstellen, dass die Gabel nicht verbogen ist. Verkürzt sich der Radstand, so hat sich die Gabel verbogen. Sie sollte sofort ausgetauscht werden: Bruchgefahr!

5 Min. ★

Steuersatz festziehen — Schraubenschlüssel fehlt

Die obere Lagerschale lässt sich mit einem zweifach herumgewickelten Pedalriemen festziehen. Ein Tipp für ältere Bikes, denn wer hat heute noch Pedalriemen?

15 Min. ★★ ***Standard***

Vorbau — Festgefressen

10 Demontieren Sie die Vorderradbremse, raspeln Sie zwei Holzblöcke so, dass sie exakt formschlüssig auf die Gabelscheiden und über den Gabelkopf passen. Nun klemmen Sie die Gabel mit den angehaltenen Hölzern in einen Schraubstock. Jetzt kommt Gewalt ins Spiel: Greifen Sie den Lenker an beiden Enden und zerren Sie ruckartig. Der Vorbau sollte nun aufgeben. Für die Zukunft gilt: Vorbau mit viel Fett montieren! Spart Arbeit...

1 Stunde ★★★ ***Heim-Werkstatt***

Sonstige Komponenten

Computer — Regenschutz

1

Wer sonst für alles gerüstet ist, aber mit seinem undichten Fahrradcomputer von einem Unwetter überrascht wurde, der kann einfach ein trockenes Kondom über den Rechner ziehen. Schützt relativ gut, erlaubt aber keinen Dauereinsatz – wie im richtigen Leben!

5 Min. ★ **Standard**

Computer sicher — Suchhilfe

Es gibt Computer mit Countdownfunktion. Wer auf schnellen Abfahrten oder in rauem Gelände unterwegs ist, der stellt den Countdown auf 10 Sekunden ein. So meldet sich der Compi mit einem »Piep« alle 10 Sekunden am Rad oder man hat eine »Suchhilfe«, wenn der Compi das Weite sucht.

5 Min. ★

Halterung — Bruch

Widerstehen Sie der Versuchung, die Lampe oder das Rücklicht direkt auf die Schwinge oder die Federgabel zu montieren. Dauervibrationen werden die Halterungen brechen lassen! Montieren Sie Lampen immer am Vorbau und Rücklicht am rahmenfesten Gepäckträger oder der Sattelstütze.

15 Min. ★★★★ **Bike-Pack**

Notbeleuchtung — Signalstäbe sind universell nützlich

WELTENBUMMLER

10

Ob als Signalgeber, als Positionsleuchte (auch im Verkehr), oder zum Lesen der Karte, ein Einmal-Signalstab aus dem Trekkingladen kann Ihr Leben retten. Die Handhabung ist denkbar simpel. Stab auspacken und brechen, schon beginnt er zu leuchten. Er gibt eine vorzügliche Notbeleuchtung für das Rad ab.

★

Notbeleuchtung — Stablampe

25

Zwei kleine Stablampen (z.B. Mag-Lite) geben eine gute Helmbeleuchtung ab. Die erste durch ein Einmachgummi stecken, dieses durch einen Lüftungsschlitz des Helms führen und in einem nächsten Schlitz durch die zweite oder einen Reifenheber sichern. Vorsicht: Die Anstellung der Lüftungslöcher bestimmt die Lage der Lampen, diese muss nicht ideal für die Navigation sein. Wer Marathons oder Brevets fährt, kann die Konstruktion als Leselampe für die Landkarte brauchen.

10 Min. ★ **Standard**

Sattel mit Federn — Geräusche reduzieren

Teflonspray an Federn und »Gelenken« des Sattels reduziert Knarren und andere Geräusche.

5 Min. ★ **Bike-Pack**

Sattelklemme — *Bruch*

10

Ist die Sattelklemmschraube oder der Schnellspanner gebrochen, können Sie Ihren Ersatzschlauch brauchen: Umwickeln Sie das Oberrohr im direkten Bereich um die Sattelstützenaufnahme und »legen« Sie den Sattel darauf ab. Anschließend sichern Sie mit dem verbliebenen Stück Schlauch den Sattel auf dem Oberrohr. Ergonomisch nicht mehr optimal, aber besser als stehend nach Hause zu kurbeln!

○○○○●○○ ***15 Min.*** ★★ ***Bike-Pack***

Sattelklemme — *Optimale Position*

Alurahmen: Separate Sattelstützenklemmschellen immer 180 Grad verdreht zur Schlitzung des Rahmens montieren.

○○●○○○○ ***5 Min.*** ★ ***Bike-Pack***

Sattelstütze — *Adapter für »zu große« Rahmen*

15

Sollten Sattelstütze und Rahmen nicht zusammenpassen, dann muss ein Adapter her. Die besten Adapterhülsen für Sattelstützen gibt es bei USE (www.use1.de). Ab 25mm in 0,2mm-Sprüngen.

○○●○○○○ ***5 Min.*** ★ ***Bike-Pack***

Sattelstütze — *Bruch schienen*

10

Ist die Sattelstütze gebrochen, so kann man einen Stock in beide Stücke stecken und sie anschließend möglichst weit zusammenschieben. Von außen kann man mit weiteren Stöcken oder Metallstücken (auch Reifenheber eignen sich) bandagieren. Kabelbinder, Rohrschellen oder Gaffa sorgen für die benötigte Spannung. Diese Konstruktion eignet sich nur zum gelegentlichen Setzen, Pedalieren im Stehen! Nur für Notfälle.

○○○○●○○ ***30 Min.*** ★★★ ***Standard***

Sattelstütze festgefressen — *Die letzte Chance*

30

Ist die Sattelstütze auch mit Cola und grobem Krafteinsatz im Schraubstock nicht zu entfernen, so bauen Sie das Tretlager aus und bohren ein Loch ins Tretlagergehäuse. Anschließend können Sie hier einen Rundstahl hindurchstecken und die Sattelstütze auszuhämmern versuchen.

○○○○●○○ ***1 Stunde*** ★★★ ***Heim-Werkstatt***

Sattelstütze gebrochen — *Kein Ersatz*

25

Wie bei einem Rahmenbruch verfahren oder Sattelstütze demontieren. Einen Lappen auf das Oberrohr im Bereich der Sattelmuffe auflegen und anschließend den Sattel. Sichern Sie ihn zudem mit einigen Kabelbindern. Die Ergonomie Ihrer Haltung ist jetzt dahin, aber sie können gelegentlich ein wenig sitzen.

○○○○●○○ ***20 Min.*** ★★★ ***Bike-Pack***

Sattelstützenklemmbolzen gebrochen — *Notlösung*

Diese Schraube fristet ein unauffälliges Dasein, doch wenn sie bricht, dann ist der Ärger groß! Nehmen Sie Ihren Ersatzschlauch und wickeln diesen um das Oberrohr. Senken Sie nun den Sattel ab, bis er aufliegt und fixieren Sie ihn mit dem Ersatzschlauch.

○○○○●○○ ***5 Min.*** ★

Schutzblech — Federungen lassen es brechen

Schutzbleche an einem voll gefederten Rad müssen mit mindestens drei Streben abgestützt oder durch ein Stahlblech verstärkt werden. Mit einer Lochzange und einer Poppnietenzange lassen sich die Löcher und die Nieten für die Halterungen anbringen. Auch ist es ratsam, die Verschraubungen durch Kunststoffscheiben zu unterstützen. 20

20 Min. ★★★ **Profi-Werkstatt**

Schutzblech — In der Not

Haben Sie keine Schutzbleche am Rad, aber einen Gepäckträger? Legen Sie einfach eine Plastiktüte auf den Träger, bevor Sie die Packtaschen einhängen. Diese klemmen die Tüte ein. Die Tüte wiederum macht ein gutes Schutzblech.

5 Min. ★★

Schutzblech — Wenn schon, denn schon!

Steckbleche sehen nett aus, bieten aber keinen Schutz. Wer im Regen fährt, der braucht große feste Bleche. Unter Umständen montieren Sie im Winter Bleche und nehmen sie im Frühjahr wieder ab! Bei 26“-Rädern montieren Sie 28“-Bleche, die schützen noch besser! Das sieht zwar »uncool« aus, aber Sie werden nicht so dreckig, Ihr Rad bleibt sauberer und Sie putzen Ihr Rad seltener! 50

30 Min. ★★ **Bike-Pack**

Schutzblechmontage — Optimiert

Kabelbinder sind ideale Schutzblechhalterungen an den Stegen im Hinterbau und an der Gabelbrücke. Werden sie verwendet, so ist es ratsam, die Befestigungen an den Ausfallenden mit weichen Kunststoffunterlegscheiben statt mit eisernen auszuführen. So ist das gesamte Blech quasi »schwimmend« gelagert und bewegt sich, statt zu brechen. 20

15 Min. ★★ **Standard**

DAS WERKZEUG UND DER SERVICE

Pflege

Die große Inspektion

Warum sie vor der Tour Pflicht ist: Nur im eigenen Keller oder Bike-Shop finden Sie schweres Gerät wie Tretlagerschlüssel und Drehmomentschlüssel. Für optimalen Service wird so etwas gebraucht. Nur in der Heimat haben Sie das Radgeschäft Ihres Vertrauens parat. Auf Tour bleibt in Sachen Preis und Qualität oft keine Wahl. Wenn Sie überhaupt jemanden finden, der sich mit Velos auskennt. 80

1 Stunde ★★★ ***Profi-Werkstatt***

Die große Inspektion 1

Sie benötigen: Spülmittel zur Bikewäsche, Entfetter für Kette und Co. (z.B. Finishline Citrus Degreaser), Brennspiritus zum Felgenreinigen, lithiumfreies Lagerfett (z.B. Motorex Bike Grease) und RSP Ultra Glide für Züge und Gabel. 50

Die große Inspektion 2

Hängen Sie die Züge aus und verschieben Sie die Außenhülle, jetzt die Züge freiwischen und fetten.

10 Min. ★ ***Standard***

Die große Inspektion 3

Ziehen Sie die Reifen ab und kontrollieren Sie den richtigen Sitz des Felgenbandes.

20 Min. ★ ***Standard***

Die große Inspektion 4

Sprühöl auf die Klickpedale-Mechanik und zudem Sprühwachs auf die Federn der Mechanik.

5 Min. ★ ***Standard***

Die große Inspektion 5

Position der Zugendanschläge am Schaltwerk und Umwerfer kontrollieren und mit Loctite 243 sichern. 5

5 Min. ★★ ***Standard***

Die große Inspektion 6

Säubern Sie die Felgenflanken mit Brennspiritus. Das verringert den Verschleiß und erhöht die Bremsleistung.

7 Min. ★

Die große Inspektion 7

Kontrollieren Sie die Lagerbuchsen des Federelements: Einfach mit Messerklinge auszuheben versuchen, fallen die Lagerbuchsen Ihnen entgegen, müssen sie ausgewechselt werden.

20 Min. ★★ ***Heim-Werkstatt***

Die große Inspektion 8

Überprüfen Sie alle Schrauben mit Drehmomentschlüssel. Die Anzugsmomente können Sie in der Bedienungsanleitung nachlesen.

25 Min. ★★ ***Heim-Werkstatt***

Die große Inspektion 9

Tretlagerspiel checken: Kette vom Kettenblatt nehmen, Tretkurbelschenkel in Drei-Uhr-Position gegen den Rahmen verwinden. Wenn es »wackelt«, ist Justage notwendig.

5 Min. ★★

Die große Inspektion 10

Kettenblätterverschleiß kontrollieren: Sind die Zähne spitz zulaufend oder ihre Talsohle ist nicht mehr kreisrund, so müssen die Blätter gewechselt werden.

5 Min. ★★

Die große Inspektion 11

Sofern Sie eine Federgabel haben: Bringen Sie RSP Ultra-Slide auf die Standrohre auf.

5 Min. ★

Die große Inspektion 12

Schaltungsgelenke müssen mit WD-40 oder ähnlichem eingesprüht werden.

3 Min. ★

Die große Inspektion 13

Überprüfen Sie den Felgenrundlauf. Mehr als 2mm seitliches Spiel bedeutet Nachzentrieren.

4 Min. ★

Die große Inspektion 14

Vorm Schrauben das Rad erst einmal mit lauwarmem Wasser abspritzen und abputzen.;

15 Min. ★

Die große Inspektion 15

Nach dem Waschen Sattelstütze herausnehmen, Rad umdrehen und etwaiges Wasser abfließen lassen. Nun Sattelstütze gut fetten und wieder hineinstecken.

5 Min. ★ ***Bike-Pack***

Die große Inspektion 16

Kettenlänge kontrollieren. Entweder messen oder beim Radhändler mit Rohloff Caliper erledigen.

5 Min. ★★ ***Profi-Werkstatt***

Die große Inspektion 17

Kontrollieren Sie die Zugenden und verlöten Sie diese oder setzen Sie entsprechende Endkappen auf.

5 Min. ★ ***Standard***

Die große Inspektion 18

Nabenspiel kontrollieren: Ziehen Sie die Schnellspanner fest. Halten Sie das Rad am Rahmen/Gabel fest und drücken Sie das Laufrad; wackelt es im Rahmen/Gabel, hat die Nabe Spiel und muss justiert werden.

5 Min. ★

Die große Inspektion — *19*

Versehen Sie das Gabelschaftrohr von innen mit Sprühwachs. Wer außen aufsprühen möchte, der muss die Gabel ausbauen.

○○○○○●○ **20 Min.** ★★ ***Bike-Pack***

Die große Inspektion — *20*

Prüfen Sie die Bremsen und kontrollieren Sie, ob Steinchen in den Bremsbelegen sind. Fetten Sie die Züge und ölen Sie die Bremshebel.

○○○○○●○ **8 Min.** ★★ ***Bike-Pack***

Die große Inspektion — *21*

Bremsen II: Überprüfen Sie die Stellung der Beläge. Sie sollten parallel zu den Felgen stehen und mindestens 1mm Abstand zu den Felgenkanten haben.

○○○○○●○ **5 Min.** ★★ ***Bike-Pack***

Die große Inspektion — *22*

Probefahrt auf »befriedetem« Terrain nicht vergessen. Das stellt sicher, dass nach der großen Inspektion das Rad in Topform ist und nicht »verschlimmbessert« wurde."

○○○○○●○ **5 Min.** ★

Die große Inspektion — *23*

Felgenverschleiß checken: Messen Sie die Felgenbreite ohne Luft in den Reifen, pumpen Sie nun auf. Messen Sie erneut die Breite. Beträgt der Unterschied mehr als 1 mm, benötigen Sie neue Felgen.

○○○○○●○ **10 Min.** ★★ ***Heim-Werkstatt***

Die große Inspektion — *24*

Zum Ende: An der Kette überflüssiges Öl abwischen und eine »höfliche« Portion Lackpolitur auf dem Rahmen nicht vergessen.

○○○○○●○ **10 Min.** ★ ***Standard***

Die kleinste Inspektion — *Vor jeder Fahrt*

Lassen Sie das Rad aus 10 cm Höhe auf die Räder fallen (selbstverständlich sollten Sie es seitlich auffangen), sonderbare Geräusche deuten auf lose Schrauben hin. Kontrollieren Sie! Ziehen Sie die Bremsen und kontrollieren Sie, ob der Lenker sich (nicht) verdrehen lässt.

○○○○○●○ **1 Min.** ★

Einmotten oder bezahlen — *Kleine Ursache, große Folgen*

Die letzten Touren im Herbst beginnen oft wunderschön und enden jäh im Regen. Dann landet das Rad bis zum Frühjahr in der Ecke... und der Rost und seine bösen Kumpane haben vier oder fünf Monate Zeit, ihr übles Spiel zu treiben. Motten Sie Ihr Rad gut ein, dann sparen Sie eine Menge Folgekosten (Züge, Ketten, Lager und Montagezeiten).

○○○○○●○ **30 Min.** ★★ ***Bike-Pack***

Fahrrad putzen — *Arbeitsmethodik*

Arbeiten Sie immer von oben nach unten, sonst läuft die »braune Soße« immer ins frisch Geputzte hinein!

20 Min. ★

Fahrrad putzen — *Ausrüstung fürs Grobe*

10

Ein Eimer voll warmem Wasser mit Geschirrspülmittel und ein weicher Schwamm (kein Scheuerschwamm) sind sehr gute Putzhilfen. Hartnäckiger Schmutz verschwindet durch eine Behandlung mit purem Spülmittel im Putzlappen.

Fahrrad putzen — *Außenzüge reinigen*

Sprühen Sie ins Innere der Außenhülle Reinigungsmittel, lassen Sie dieses einziehen. Nun blasen Sie durch die Außenhülle. Das geht am besten mit Druckluft.

10 Min. ★

Fahrrad putzen — *Dampfstrahler*

100

Wem der Weg zur nächsten Auto-Waschanlage zu weit ist, der kann sich eine mobile Druckspritze (wie sie zur Schädlingsbekämpfung benötigt wird) zulegen. Sie hat ausreichend Druck zum Säubern, ohne den Dreck in die Lager zu pressen.

Fahrrad putzen — *Felge säubern*

Möbelreiniger Pronto verrichtet auch an der Felge gute Dienste: Einfach einsprühen und abwischen, dann ist alles Fett und aller Dreck verschwunden.

10 Min. ★ ***Standard***

Fahrrad putzen — *Pinsel hilft*

Ein großer Pinsel ist ein optimaler Helfer beim Fahrradputzen – feucht und trocken!

★

Fahrrad putzen — *Rahmen reinigen*

5

Mit klassischen Flaschenbürsten lassen sich Sattelrohre vorzüglich säubern.

5 Min. ★ ***Standard***

Federung — Leckereien für die Gleitlager

Ideal für eine Schmierung der Gleitlager ist »Chesterton 785« aus dem Fahrradfachhandel. Das Fett kommt aus der Lebensmittelindustrie und ist sehr wasserbeständig.

Kernledersattel fetten — Kein Motoröl

Manch alter Hase schwört darauf, seinen Ledersattel mit Motoröl einzureiben, um ihn geschmeidig zu halten. Finger weg davon! Motoröl ist giftig, Hautkontakt nicht ratsam!

5 Min. ★

Laufräder — Besser putzen

Nehmen Sie zum Putzen die Laufräder aus dem Rad, so können Sie mehr Dreck entfernen und trotzdem schneller putzen.

5 Min. ★ **Bike-Pack**

Magura-Installation — Besser befüllen

Beim Herausschrauben der Befüllungsschläuche empfiehlt es sich, vor dem Wiedereindrehen der Entlüftungsschrauben einige Tropfen Brems-Öl in die Öffnungen zu geben.

1 Min. ★ **Bike-Pack**

Magura-Installation — Vorsicht, sonst Sauerei

Bevor Sie die Leitungen zum Kürzen oder Entlüften öffnen, drehen Sie die Einstellschrauben (2mm Inbus / Griffweiteneinstellung) und die Verschleißnachstellschraube komplett heraus, sonst spritzt es...

1 Min. ★ **Bike-Pack**

Magura-Installation — Hebeln zum Erfolg

Beim Entlüften von hydraulischen Bremsen während des Durchdrückens der Spritze ein bis zwei Mal den Bremshebel sachte ziehen und ganz langsam wieder kommen lassen, das treibt die Luft aus den Geber-Zylindern.

1 Min. ★★★ **Bike-Pack**

Magura-Installation — Vor und zurück zum Erfolg

Nachdem Sie mit dem eigentlichen Befüllen der Bremse fertig sind, sollten Sie etwas Öl in die Spritze zurückziehen, das vertreibt die letzten Luftbläschen.

1 Min. ★★ **Bike-Pack**

Magura-Installation — Mit Einklemmung besser

Leitung kurzen: Optimal läuft es, wenn man vorm Abschneiden einen 2mm Inbus zwischen Bremshebel und Gebergehäuse einklemmt.

1 Min. ★ **Heim-Werkstatt**

Magura-Installation — Optimale Stellung bei Felgenbremse

Stehen die beiden Klemmschrauben des Bremsschuhhalters exakt in der Senkrechten? Das ist die optimale Position der Bremsen.

5 Min. ★★ **Bike-Pack**

Magura: Ölkrise — *Lösungen mit Einschränkung*

20 Wenn Ihr Magura-Öl ausgeht, greifen Sie zu »Shell-Naturel« oder »Citroen HLM Plus« (für alten »DX«). Logisch: Magura gibt mit diesem Treibstoff keine Garantie/Gewährleistung mehr.

★★

WELTENBUMMLER

Putzmittel — *Für unterwegs*

Sie brauchen keinen Liter Waschmittel mitnehmen, um Ihren Untersatz zwischendurch mal zu waschen. Füllen Sie eine Filmdose zu 3/5 mit Ajax und 2/5 mit Spüli. Wenn Sie Ihr Rad waschen wollen, nehmen Sie einen Eimer mit 5 Liter heißem Wasser und kippen Sie die Mischung hinein.

5 Min. ★

Schaltung — *Mathematiker glauben dran*

Hat das Röllchen eine gerade Anzahl von Zähnen und ist die Anzahl der Glieder der Kette ebenfalls gerade, so wird nur die Hälfte der Röllchenzähne beansprucht. Verdrehen Sie die Röllchen von Zeit zu Zeit um einen Zahn und sie halten länger!

2 Min. ★

Schmiernippel — *Zum Nachrüsten*

30 Es gehört zwar viel Glück dazu, diese Bauteile in Europa in einem Laden zu sehen, aber sie sollen nicht unerwähnt bleiben: »Morningstar Tooling Products« (Telefon: 001/805/4383711) bietet Nachrüstsets für Schmiernippel. Sie passen auf Shimano- und alte Suntour-Naben und (Haken-)Pedale.

20 Min. ★★ **Bike-Pack**

Touren im Winter — *1*

15 Die wenigsten Fahrräder sind ab Werk für Touren im Winter geeignet. Nur Eigeninitiative macht sie fit: Konservieren Sie die Oberflächen, am besten mit Hartwachs aus dem Autohandel.

15 Min. ★

Touren im Winter — *2*

5 Am Ende jeder Tour entscheidet sich, ob Sie noch lange an Ihrem Rad Freude haben werden oder ob es schon sehr bald kaputt sein wird: Nach der Tour ist vor der Tour! Duschen Sie Ihr Rad vorsichtig ab und sprühen Sie es anschließend kräftig mit WD40 ein, versorgen Sie die Kette mit Sprühwachs und pflegen Sie die Federelemente (lesen Sie dazu die Anleitung des Herstellers).

15 Min. ★

Touren im Winter — *3*

10 In Winter ist Sprühwachs ein besserer Schmierstoff für die Kette als Öl oder Fett. Sprühwachs verharzt nicht.

5 Min. ★

REISERADLER

Verschleißteile wechseln — *Richtiger Zeitpunkt*

Wechseln Sie Verschleißteile vor der letzten Ausfahrt zu Hause, so werden diese eingefahren und Sie können sicher sein, dass nicht das ersetzte Teil den ersten Defekt der großen Tour herbeiführt.

Züge — Nokon

Trak Pearls, beziehungsweise Konkavex-Züge sollen laut Hersteller Nokon am besten mit »RSP Ultra slide« Schmierstoff gepflegt werden.

5 Min. ★

Züge — Nokon Öl-System

Nokon bietet für seine Konkavex-Züge ein Öl-System: einen Schmiernippel für die Züge.

5 Min. ★ **Bike-Pack**

Standards aus der Trickkiste

Ersatzschrauben — Was ist gefragt?

REISERADLER

M5- und M6- Schrauben mit Muttern und einigen Unterlegscheiben sowie ein V-Brake-Splint, ein Chain-Link (Kettenschloss für Schaltungsketten) und ein austauschbares Schaltauge gehören ebenso dazu wie Gaffa, Kabelbinder und ein sauberer Lappen. Die Schrauben verschwinden in einer Filmdose und um diese herum kann man Gaffa wickeln.

5 Min. **Standard**

Ersatzteil-Vorrat — Anlegen 1

Die moderne Wegwerfgesellschaft hat auch das Fahrrad erreicht: Wo man früher Schrauben und Kleinteile ersatzweise kaufen konnte, muss man heute meist ganze Einheiten wechseln. Wer Zeit und Geld sparen möchte, der baut sich sein eigenes Ersatzteillager auf: Schrauben Sie aus kaputten Teilen die noch intakten Schrauben, Blechteile usw. aus und lagern Sie sie ein.

5 Min. ★ **Bike-Pack**

Ersatzteil-Vorrat — Anlegen 2

Verstauen Sie die Ersatzteile mit Konzept. Kaufen Sie kleine verschließbare Plastiktüten und beschriften Sie diese. Z.B. »Shimano Deore XT Schaltwerk 1990 Schrauben und Spannfeder«. So finden Sie die Dinge schnell wieder.

5 Min. ★ **Bike-Pack**

Gaffa und Kabelbinder — Die unendliche Geschichte

DER UNIVERSALTIPP: Eigentlich ist es zum Flicken von Lüftungsrohren erfunden worden, erfreute sich wegen seiner fast sprichwörtlichen Haltbarkeit und Stabilität jedoch schnell größter Beliebtheit in den USA. Wo das erfolgreiche Original, dort auch schnell das minderwertige Plagiat. Deutsche Heimwerker- und Haushaltsregale sind voll davon. Ich bevorrate mich aus diesem Grunde stets direkt in den USA. Dort kostet eine Rolle kaum € 6,- und ist Sieger bei allen Qualitätsmerkmalen. Mein Favorit ist das »Nashua 389« in der »industrial quality« aus den »Homebase«-Baumärkten, die es in jeder größeren Stadt gibt. Bisher konnte ich leider keine deutsche Quelle ausmachen. In Sachen Kabelbinder sieht es deutlich besser aus. Hier gibt es starke Farb- und Größenunterschiede, die Qualitätsunterschiede sind jedoch vergleichsweise gering. Kaufen Sie schwarze, kaufen Sie verschiedene Größen und kaufen Sie viele! Man kann nicht zu viel davon haben.

Ketten — *Typerkennung*

HG 8-fach Shimano-Ketten sind 7,3 mm breit, neunfach 6,85 mm. Zum Messen braucht es eine ruhige Hand und einen Messschieber. Einfacher geht es, wenn Sie die beiden Ketten zum Vergleich auf die Tischkante legen und darüber peilen. Sie erkennen die höhere (7/8-fach) Kette sofort.

●○○○○○○ **5 Min.** ★

Kettenverschleiß — *Zeitgemäß messen*

Früher hat man es so gemacht: Kette aufs größte Blatt und anschließend mit zwei Fingern weggezogen. Ließ sich die Kette vom Kettenblatt abheben, war sie verschlissen. Im Zeitalter der schalloptimierten Zähneformen ist dies kein guter Indikator mehr, denn selbst nagelneue Ketten »misst man als verschlissen«. Moderne Antriebe verlangen nach einer Lehre (z.B. Caliber 2 von Rohloff).

○○○○○●○ **5 Min.** ★★ ***Bike-Pack***

Kleine Schrauben — *Kleines Werkzeug*

Kleine Schrauben (also jene mit kleinen Gewindegrößen) stets nur mit kleinem (kurzem) Werkzeug verbauen. Die kleinen Schraubenköpfe sind den Kräften großer Werkzeuge (und deren langen Hebeln) nicht gewachsen.

●○○○○○○

Klingel — *Nervt*

Wen nervt es nicht, wenn der Klingeldeckel sich stets löst. Loctite hilft.

○○●○○○○ **5 Min.** ★

Kugeln — *Richtiges Kontingent am richtigen Platz...*

Wer seine Naben öffnet, wird feststellen, dass eigentlich noch Platz für eine weitere Kugel gewesen wäre. Widerstehen Sie der Versuchung, denn die Kugeln benötigen Raum, um nicht gegenseitig aufzulaufen und damit vorzeitig zu verschleißen. Anders beim Steuersatz, hier gilt: So viele Kugeln wie möglich einsetzen.

○○○○○●○ **15 Min.** ★★★ ***Profi-Werkstatt***

Kugeln — *Wirklich rund*

Kugeln im Lager tauscht man immer als kompletten Satz – und wer es peinlich genau nimmt, der kauft in Fachgeschäften, die ihre Kugeln aus Tüten verkaufen, deren Inhalt aus einer Produktionscharge kommt. Nur dann sind die Kugeln wirklich gleich.

○●○○○○○ **5 Min.** ★

Lagerspiel — *Am Laufrad prüfen*

Öffnen Sie den Schnellspanner und bringen Sie das Rad in Schwung. Schließen Sie nun vorsichtig den Schnellspanner. Verlangsamt sich das Laufrad spürbar, dann ist das Lager zu stramm eingestellt.

○●○○○○○ **3 Min.** ★★

Lenkergriffe — Sicher montieren

Wachsspray (Korrosionsschutz) aus dem Autozubehör-Fachhandel hilft: Lenker einsprühen, Griff aufziehen, 15 Minuten warten bis das Wachs aushärtet und losfahren! Lösen lässt sich der Griff durch Erhitzen, am besten mit einem Fön.

5 Min. ★ **Bike-Pack**

Montageständer — Klemmpartner

Klemmen Sie das Fahrrad niemals am Sitzrohr in den Montageständer. Besser an der Sattelstütze. Sie ist in der Regel stabiler gegen Eindrücken als ultraleichte Rohre. Karbonsattelstützen sind die Ausnahme!

Pedal — Abziehen

Vor dem Pedalabziehen immer auf das große Kettenblatt schalten, das schützt vor blutigen Wunden...

5 Min. ★

Pedalriemen — Früher am Rad, jetzt in der Packtasche

Die klassischen Pedalriemen für Käfigpedale sind leicht und äußerst stabil. Sie eignen sich für allerlei Improvisationen: zum Beispiel, um eine eingerollte Regenjacke zusammenzuhalten.

2 Min. ★

Pumpen — Leicht gemacht

Statt mit einer Hand das Laufrad zu halten und mit der anderen Hand den Kolben zusammenzudrücken, suchen sie sich einen Baumstumpf, eine Laterne oder einen Zaunpfahl. Jetzt setzen Sie den Pumpenkopf (nicht die Felge) auf den Gegenstand und stemmen sich mit vollem Körpergewicht in die Pumpe. Wenn's noch schwerer wird, dann sollte die Pumpe so nahe am Boden angesetzt werden, dass man zusätzlich das Knie auf den Pumpengriff setzen kann. Dann lassen sich die Beinkräfte noch ausnutzen.

5 Min. ★ **Standard**

Reparaturen preiswert 1 — Sauber kommt weiter

Wer sein Rad geputzt zur Reparatur in den Fahrradladen bringt, versetzt den Schrauber in gute Laune, er arbeitet schneller (damit billiger) und meist auch ordentlicher. Es liegt an Ihnen!

2 Stunden ★

Bike-Pack

Reparaturen preiswert 2 — Nachbarschaftshilfe

Keine Lust auf Reparaturen? Es gibt sicherlich Kinder in der Nachbarschaft, die das gerne übernehmen. Bei richtiger Auswahl des Kindes geschieht dies auch gut – wobei Sie knifflige Sachen stets dem Fachgeschäft überlassen sollten – und Sie sind meist mit wenigen Euros dabei!

WELTEN-BUMMLER

5

Rettungsring — Zum Lagerschutz

Im Matsch, in der Wüste oder wenn die Witterung extrem ist, sollten Sie die Lager Ihres Rades besonders schützen. Eine alte Moosgummi-Isomatte ist der Rohstoff, aus dem Sie Ringe schneiden können. Beispielsweise für die Naben. Achten Sie darauf, dass der Ring gut zwischen Rahmen/Gabel und Nabenkörper klemmt, damit er Dreck fernhält!

15 Min. ★ ***Bike-Pack***

10

Saubere Hände — Ohne Waschbecken

Gröbsten Dreck an den Händen einfach auf dem Gras oder vorsichtig auf dem trockenen Asphalt der Straße abreiben. Die Feinarbeit übernimmt hundertprozentiger Orangensaft, er wirkt wie Zitrusreiniger. Klebrig wird's jedoch, wenn der Saft Zucker enthält. Oder: Viele Sonnencremes enthalten Lanolin, das reinigt auch gut und pflegt obendrein. Wer die Hände mit Sand wäscht, der geht grob, aber durchaus wirkungsvoll ans »Handwerk«.

5 Min. ★

100

Saubere Hände — Sauberes Bike

Wer nicht selbst reparieren kann oder Service-Arbeiten verrichten möchte, der sollte sein Rad spätestens Mitte Februar zum Händler bringen. Dann sind die Wartezeiten am kürzesten und das Rad ist bei den ersten Frühjahrssonnenstrahlen in Topform!

10 Min. ★

Saubere Hände — Vorsorge

Händewaschen in Sekundenschnelle ist kein Wunder, sondern nur eine Frage der Vorbereitung. Reiben Sie sich die Hände mit Geschirrspülmittel ein. Wenn abzusehen ist, dass es extrem dreckig wird, können Sie ergänzend weiche Seife für die Nagelbetten verwenden. Nach der »Drecksarbeit« wäscht man sich mit einer Bürste die Hände und nimmt eventuell noch etwas Spülmittel hinzu!

5 Min. ★ ***Standard***

Saubere Hände — Wie?

Medizinische Einweghandschuhe sind dünn, leicht und man behält das Feingefühl. Deshalb sind sie ideal für unterwegs, um bei Reparaturen saubere Finger zu behalten. Nach der Montage beim Ausziehen einfach auf links drehen und in die Trikottasche, um sie später sachgerecht zu entsorgen.

★

Schlauch — Auch alt noch nützlich

Schneiden Sie den alten Schlauch wie eine Salami in 3-10 Millimeter breite Scheiben: Jede Scheibe ist als Gummi benutzbar. Beispielsweise können Sie mit diesen Gummis eingerollte Ersatzschläuche zusammenhalten

1 Min. ★ ***Standard***

Schlauch — Auch alt noch nützlich

Ein alter Schlauch funktioniert auch sehr gut als Spanngurt. Beispielsweise können Sie ihn zum Fixieren der Räder im Auto um die Haltegriffe der hinteren Sitzbank schlingen.

1 Min. ★ ***Standard***

Schräubchen und Co. — Suchmaschine

Wenn am Schaltwerk nur der kleine Bolzen fehlt, geht die Ersatzteilsuche los... In den USA gibt es den Versand »The third hand«. Er hat Shimano-Ersatzteile ab 1982: The Third Hand, 12225 Hwy 66, Ashland, OR 97520, Fax: 001 541 482 0080

Schrauben — Inbus-Kopf vernudelt

Ist der Inbus ausgenudelt, so kann man einen etwas größeren Kreuzschlitz-Schraubenzieher nehmen, diesen mittels eines Hammers einfach in den Schraubenkopf hineinschlagen und die Inbusschraube herausdrehen. Auch lässt sich der Kopf des Inbus mit einer Metallsäge schlitzen, dann kann man einen Schlitzschraubendreher benutzen. Weiterhin besteht die Möglichkeit, einen 0,5 mm größeren Inbus hineinzuhämmern oder den alten Inbus etwas schief in den Kopf einzustecken.

25 Min. ★★ **Heim-Werkstatt**

Schrauben — Köpfe abgerissen

Ausbohren ist die einzige Lösung: Körnen Sie die »Restschraube« möglichst mittig an, bohren Sie mit einem kleinen Bohrer vor. Versuchen Sie stets so mittig als möglich zu bleiben. Dann bohren Sie mit dem passenden Bohrer nach und die Gewindegänge lassen sich herausziehen. Nacharbeiten! M4 braucht einen 3,2 mm Bohrer, M5 4,0 mm, M6 4,8 mm und M8 6,4 mm.

30 Min. ★★★ **Heim-Werkstatt**

Schrauben — Lösen mit Chemie statt Gewalt

Coca Cola bringt's! Cola besitzt schwache Säureanteile. Diese können Metalloxide zersetzen. Also Cola über das zähe Stück kippen, einige Stunden warten und erneut zu lösen versuchen.

5 Min. ★

Schrauben — Ohne Werkzeug

Fehlt der Schraubenschlüssel, so lassen sich Muttern mit einer Schlinge aus Draht festziehen: Eine Schlinge aus Draht um die Mutter legen, einen Schraubendreher (notfalls Holzstöckchen) durchstecken und damit den Draht verdrehen, sodass er sich um die Mutter zieht. Anschließend Stock samt Mutter drehen.

10 Min. ★★★ **Bike-Pack**

Schrauben — Standards aus der Trickkiste

Ist ein Rest des Gewindes von der »Rückseite« greifbar, beispielsweise beim Abreißen von Schutzblechschrauben am Ausfallende, dann greifen Sie dieses mit einer Zange und drehen Sie es heraus.

30 Min. ★★ **Heim-Werkstatt**

Schraubenkleber — In der Not

Entfetten Sie die Schraube und die Mutter und tunken Sie die Schraube vor dem Einschrauben in Farblack. Sofern die Mutter nach dem Festziehen noch zugänglich ist, hilft auch hier ein Tropfen Lack.

5 Min. ★ **Bike-Pack**

Welten-Bummler 5

Spezialschrauben — **Deponieren**

Wer seinen Flaschenhalter mit einer den Schuhplattenschrauben gleichenden Schraube befestigt, hat stets passenden Ersatz für seine Schuhplatten dabei.

○○●○○○○ **5 Min.** ★ **Standard**

Sprühdosen — **Sprührohr dauerhaft fixieren**

Kürzen Sie das Röhrchen auf 5 cm Länge und sichern Sie das aufgesteckte Röhrchen mit einigen Tropfen Klebstoff fest auf dem Sprühkopf.

○○●○○○○ **30 Min.** ★★ **Standard**

Werkzeug — **Klappern ausschließen**

Alte Socken gehören nicht in den Müll, sondern in die Satteltasche. Packt man sein Werkzeug in eine alte – vorzugsweise gewaschene – Socke, so klappert es nicht mehr und die Socke dient bei Reparaturen als Handschuh oder Lappen.

○○●○○○○ **3 Min.** ★★★

Zugmontage — **Zum x-ten Mal!**

Zur Sicherheit nochmals: Zwischen jede Zugkappe und die Außenhülle gehört ein Tropfen Fett.

○○●○○○○ **1 Min.** ★

Werkzeug

Beschaffen — **Besser als improvisieren**

Generell gilt: Immer überlegen, ob man das Werkzeug nicht doch noch besorgen kann (Tankstelle, Bauernhof, Autofahrer oder anderer Biker). Einige Minuten zu warten ist meist besser, als eine improvisierte Reparatur zu beginnen.

○○○○●○○ **30 Min.** **Profi-Werkstatt**

20

Flickzeug — **Wartung**

Der Pannenteufel hat Sie lange nicht mehr heimgesucht. Glück gehabt! Doch achten Sie auf Ihre Kleber (Vulkanisierflüssigkeit). Einmal geöffnet sollten Sie die Tube nach einem Jahr austauschen. Nichts ist ärgerlicher, als sich gerüstet zu wähnen und dann doch nach Hause schieben zu müssen.

○○○○○●○ **1 Min.** ★

20

Gaffa — **Wohin**

Tesafilm oder Isolierband wickelt man einfach um einen Kugelschreiber, der ja ohnehin fast immer mit von der Partie ist. Gaffa gehört um die Pumpe gewickelt, schließlich fährt man nur selten ohne diese. Ist die Pumpe nicht in der Trikottasche oder im Rucksack untergebracht, dann sollte man das aufgewickelte Gaffa mit einer Plastikfolie umwickeln und diese wiederum fest – »gaffern« – so bleibt es auch in Matsch und Regen frisch.

○○●○○○○ **5 Min.** ★ **Standard**

Inbus — **Anpassen**

Ist der Inbus zu groß, feilen Sie ihn sich einfach passend. Bis zu 3 mm lassen sich so »herausholen«. Arbeiten Sie möglichst präzise.

○○○○●○○ **20 Min.** ★★★ **Heim-Werkstatt**

Kabelbinder — Sein unbekannter Bruder

Kabelbinder sind schnell, leicht, flexibel und damit praktisch. Ihr einziger Haken: Sie lassen sich nur einmal verwenden. Hier ist der Beutelverschluss im Vorteil. Sein Aufbau mit einer Reihe von Langlöchern statt eines Schlittens erlaubt beliebig häufige Verwendung. Dafür lässt er sich nicht so genau einstellen. Im Gummi- und Plastikhandel sind Beutelverschlüsse zu bekommen, sie kosten etwa dreimal so viel wie Kabelbinder. Auf Touren und im Dauereinsatz sind sie bestens zu gebrauchen.

★

Kompakttools — Auswahl

Kerben und Schattierungen in der Oberfläche sind Anzeichen für schlechte Material- und Verarbeitungsqualität. Solche scheiden für Sie sofort aus, weil Sie sich ja auf das Tool verlassen wollen! Wenn sich das Tool so ausklappt, dass die Kanten außen liegen, werden die Hände beim Zugreifen leiden... Gefährliche Werkzeuge wie Klingen und Sägen müssen sich arretieren lassen. Am wichtigsten ist: 1000 Werkzeuge bringen nichts. Sie brauchen nur das, was Sie benötigen (könnten) und beherrschen. Qualität statt Quantität!

5 Min. ★

Kompakttools — Ein Favorit

Als bekennender Leatherman-Fan muss ich neidlos sagen: Das Gerber Legend Tool ist mit seiner »RenGrit«-Säge und dem ausgeprägten Seitenschneider für Handwerkerarbeiten grober Art der derzeitige Favorit.

Kompakttools — Ein Favorit fürs Bike

Unter den Kompakttools mit Inbus und anderen fürs Fahrrad spezifischen Werkzeugen gibt es leider kaum noch rustikale Vollmetallversionen. Löblich ist das Micra 17 von Crank Brothers: Stabil, klein, leicht und Vollmetall!

Kompakttools — *Ölen*

10

Trockene Lagerung, Dreck und Sand fernhalten und grobe Zweckentfremdungen oder Überlastungen vermeiden. Zudem schadet dezentes Ölen nicht; und lassen Sie die Klingen von Zeit zu Zeit schleifen. Geht's in die Tropen, dann hilft ein dünner Film Waffenöl (ist wirklich am besten!).

○○○○○●○ **15 Min.** ★ ***Standard***

Kompakttools — *Pflegen*

Korrosionsschutz ist bei kompakten Tools meist nicht groß geschrieben. Sprühen Sie Ihr Tool mit Wachs ein und packen Sie es zum Trocknen nach jeder Fahrt aus.

○○○○○●○ **2 Min.** ★

Kompakttools — *Schrauben sichern*

20

Die Verschraubungen der kompakten Werkzeuge sind nur selten gesichert. Schrauben Sie sie auf und geben Sie Schraubensicherung ein oder tauschen Sie die Muttern gegen selbst sichernde.

○○●○○○○ **5 Min.** ★ ***Bike-Pack***

Kompakttools — *Tunen*

Die Gewinde der Kettennieter müssen beim Nieten leiden, wird die Spindel gefettet, geht es besser. Fetten Sie sie deshalb vor dem ersten Einsatz.

●○○○○○○ **4 Min.** ★

Nippelspanner — *Selber bauen*

20

Einen Nippelspanner können Sie improvisieren. Feilen Sie einen Keil in eine Münze, der dem Maß des Nippels entspricht. Anschließend biegen Sie die Münze nach einem Drittel um 90 Grad um.

○○○○●○○ **10 Min.** ★★ ***Heim-Werkstatt***

Öl — *In jeder Lebenslage*

Plötzlicher Regen hat der Kette die letzten Ölreserven geraubt und nun werden Geräuschkulisse und Widerstände höher. Tankstellen sind verpflichtet, leere Ölverpackungen zurückzunehmen. Nett fragend bekommt man eine und gibt die im Inneren verbliebenen Tropfen auf die Kette: Tröpfchen für Tröpfchen... zurück zum besten Wirkungsgrad! Natürlich können Sie auch den Messstab jedes beliebigen Autos nehmen (vorher fragen!), um ihn an der Kette abzustreifen... hat den gleichen Effekt!

○○○○●○○ **5 Min.** ★

Pattex — *Schraubensicherung*

10

In der Not ist Pattex auch ein Schraubenkleber. Schrauben einstreichen, 10 Minuten antrocknen lassen. Erneut einstreichen und sofort fest verschrauben.

○○●○○○○ **15 Min.** ★★ ***Bike-Pack***

Platten — *Die richtigen Flicken*

10

So sehr sich die Marketingexperten auch bemüht haben, so wenig haben sie es geschafft: Selbst klebende Flicken sind nicht verbreitet! Recht so, denn sie taugen nicht viel. Material im traditionellen Stil (z.B. Tip-Top) ist besser.

●○○○○○○

Pumpe — *Fehlerquellen*

Verliert die Pumpe bei ihrer Arbeit Luft, dann sind meist die Klemmgummis, die das Schlauchventil halten, defekt. Sind diese gewechselt, lohnt ein Blick auf die Kolbendichtungen: verschlissen, vertrocknet oder brüchig? Austausch hilft.

15 Min. ★★ **Bike-Pack**

Pumpe — *Fetten*

Fetten Sie Ihre Pumpe von Zeit zu Zeit. Ölen ist schlechter, da das Öl durch die Pumpe in den Schlauch gelangen kann und Öl nicht widerstandsfähig genug gegen Wasser ist.

5 Min. ★ **Bike-Pack**

Pumpe — *Reinigen*

Etwa alle ein bis zwei Jahre sollte eine Pumpe zerlegt und in Seifenlauge gebadet werden. Danach müssen Kolben, Führungs- und Ventilteile eingefettet werden. Mancher Pumpenhersteller hat dafür ein Spezialfett im Angebot.

20 Min. ★ **Bike-Pack**

Pumpe — *Wetterfest*

Ein Stück breiter Rennradschlauch (etwa 30 mm) lässt sich vorzüglich nutzen, um eine Fahrradpumpe abzudichten. Zuerst den Pumpengriff samt Kolben abschrauben, dann ein Stück Schlauch auf den Pumpenkörper ziehen (evtl. mit Haarspray als Gleitmittel), anschließend Pumpengriff wieder aufschrauben und ein Ende des Schlauchstücks über den Griff stülpen.

15 Min. ★ **Standard**

Qualität — *Billiges taugt wenig*

Auf dem Flohmarkt kann man Gummihammer und Schmirgelpapier kaufen, aber nicht mehr. Noch größer als die Preisunterschiede bei Werkzeug sind die Qualitätsunterschiede. Kaufen Sie sich Ihr Werkzeug lieber Stück für Stück zu stolzen Preisen, dann können Sie auch auf die Qualität stolz sein und vernünftig arbeiten.

★

Schrauben anziehen — *Ohne Schraubendreher*

Ein zuvor eingefeilter Reißverschlussschlitten oder die Metallklemmer eines Pedalriemens geben einen guten »Notfall«-Schlitzschraubendreher ab.

1 Min. ★★

Sekundenkleber — *»Sichern«*

Bevor Sie den Sekundenkleber wieder verschließen, betropfen Sie die Tübchenhaube vor dem Verschließen mit (z.B. Oliven-)Öl, so verklebt die Tubenspitze nicht.

Steuersatz — *Notwerkzeug*

Den Gabelkonus etwa 5 Minuten auf einer Herdplatte erhitzen, anschließend (mit Handschuhen) auf das Gabelschaftrohr fädeln und (bei 1 1/8") mit einem 30er Gabelschlüssel herunterdrücken. Hämmerschläge auf den Gabelschlüssel sorgen für festen Sitz.

10 Min. ★★ **Bike-Pack**

DER MENSCH

Einstellen und Ergonomie

Cockpit — **Justieren**

Sobald Sie Lenker- und Sattelhöhe eingestellt haben, müssen Sie die Neigung der Brems-/Schalthebel so einstellen, dass die Verlängerung von Schulter, Ellenbogen und Handgelenk mittig durch die Schalthebel weist.

5 Min. ★★ **Bike-Pack**

Einstellungen — **Folgen Sie Ihrem Körper**

Scheuen Sie sich nicht, extreme Einstellungen zu fahren. Ihre Ergonomie und Ihr Wohlbefinden sollen die Einstellungen bestimmen, keine Theorien.

Handschmerzen — **Am geraden Lenker**

Die Handstellung korrigieren am besten »Biogrips«. In jedem Fall in der Race Version kaufen, da die andere zu dick für die meisten Hände ist.

25

10 Min. ★ **Bike-Pack**

Handschmerzen — **Taub und eingeschlafen**

Ob Mountainbike oder Rennrad, jedes Paar Hände schmerzt von Zeit zu Zeit. Beim Forstradel helfen Lenker mit Biegung, eine Federgabel oder ergonomisch optimierte Griffe wie beispielsweise von Biogrips. Gute Handschuhe federn auch Fahrbahnunebenheiten ab.

250+

1 Stunde ★★★ **Heim-Werkstatt**

Lenkerbreite — **Niemals geringer als Schulterbreite**

Der Lenker sollte niemals so schmal sein, dass die Hände auf dem Lenker enger greifen als die Schultern breit sind.

★

Lenkerhöhe — **Immer an die Landschaft denken**

Wählen Sie im Zweifelsfalle immer die höhere Lenkereinstellung: Sie wollen auf Tour gehen und nicht nur den Asphalt ferner Länder in Erinnerung behalten...

10 Min. ★ **Bike-Pack**

Nackenschmerzen — **Beseitigen**

Mangelnde Federung ist die häufigste Ursache für verkrampfte Nackenpartien. Deshalb bei der Fahrt die Ellbogen leicht anwinkeln und federn lassen. Das schafft auf guten Straßen hinreichend Komfort. Geht's rauer zu, so helfen spezielle Griffe oder Federgabeln.

250+

★★★

Notieren — **Vorm Tourenstart**

Notieren Sie sich die Einstellungen von Sattel und Lenker. Wie schnell muss ein Rad auf Reisen verpackt werden, dann verstellt man Sattel und Vorbau: Die Einstellungen sind weg!

2 Min. ★

Pedalbreite ***Schmaler bevorzugen***

Achten Sie auf ein schmales Innenlager. Weit auseinander stehende Pedale findet kaum ein Radfahrer angenehm!

●○○○○○○

Rahmenhöhe ***Im Zweifel kleiner***

Wenn Sie das Rad auf Touren einsetzen wollen, sollten Sie im Zweifelsfall immer einen kleineren Rahmen wählen: Ist das Rad voll beladen, dann sind Sie froh, wenn Sie einfacher über das Oberrohr steigen können.

●○○○○○○

GELÄNDE-TOURER

Richtige Lenkerbreite ***Gerader Lenker***

Je breiter der Mountainbike-Lenker ist, desto stärker sollte der Lenker gebogen sein und die Biegung nach oben zeigen, damit die Hände die richtige Stellung zum Handgelenkt/Arm einnehmen können.

●○○○○○○

Sattelhöhe ***Ein erster Richtwert***

Setzen Sie sich auf das Rad, das ausgestreckte Bein muss mit der Hacke eben noch das Pedal erreichen. Dies ist ein erster Richtwert, der individuell schwanken kann. Nähern Sie sich langsam an, probieren Sie verschiedene Einstellungen.

○○○●○○○ **2 Min.** ★ ***Bike-Pack***

Sattelhöhe ***Schmerzen & Lösung***

Wenn das Knie vorne schmerzt, stellen Sie den Sattel höher, schmerzt die »Rückseite« des Knies, so stellen Sie ihn runter.

○○○○●○○ **5 Min.** ★ ***Bike-Pack***

Sattelneigung ***Waagerecht starten***

Stellen Sie den Sattel zuerst waagerecht ein, dann ist die Belastung gleichmäßig verteilt.

○○●○○○○ **10 Min.** ★ ***Bike-Pack***

Schuhplatten **Optimal einstellen 1**

Die seitliche Position des Schuhs ist ebenfalls wichtig. Sie sollte der V-Stellung beim Laufen angeglichen werden. Der Schuh muss »reibungslos« an Ketten- und Sitzstreben vorbeikommen.

○○●○○○○ **5 Min.** ★

Schuhplatten **Optimal einstellen 2**

Ziehen Sie den Schuh an, tasten Sie nach dem Grundgelenk des großen Zehs und markieren Sie die Stelle seitlich am Schuh. Diese Stelle muss exakt durch die Pedalachse fluchten.

○○●○○○○ **5 Min.** ★

Fahrtechnik

Bremsen ohne Bremsen **1**

Muss man mit den Beinen/Füßen notbremsen, so tut man dies niemals mit beiden Beinen gleichzeitig, sonst schmerzt anschließend das »dritte Bein«...

○○○●○○○ ★

Bremsen ohne Bremsen **2**

Setzen Sie einen Fuß auf den Boden. Strecken Sie das Bein in Fahrtrichtung und hoffen Sie, dass die Sache gut geht.

○○○○●○○ ★★★★

Bremsen ohne Bremsen **3**

Wenn Bremsen via Bodenkontakt nichts auszurichten vermag, dann drücken Sie die Hacke zwischen Sitzrohr und Hinterrad. Das funktioniert auch bei Rädern mit Schutzblech. Doch seien Sie darauf gefasst, dass Ihr Rad mächtig durchgerüttelt wird – Sturz nicht ausgeschlossen!

○○○○●○○ ★★★★

Bremsen ohne Bremsen **4**

Der riskanteste Weg ohne Bremsen zu bremsen ist es, die Hacke zwischen Vorderrad und Gabelkrone zu drücken. Achtung: Die Überschlagsgefahr ist hoch und Verletzungen sind »garantiert«.

○○○○●○○ ★★★★

Fahrlinie optimieren

Versuchen Sie immer eine andere Linie zu fahren als ihr Vordermann, so lernen Sie stets zwei Weisen, die zum Ziel führen.

○○○●○○○ **5 Min.** ★

Richtig schalten

Verglichen mit dem unbeladenen Rad muss beim beladenen Rad viel früher geschaltet werden: Bergauf wird man früher langsamer, bergab geht früher »die Post ab«.

○○○●○○○ ★

Technik-Training **Warum?**

Fahrtechnik ist für Reiseradler genauso wichtig wie für Sportler, denn es lauern stets viele Gefahren auf (fremden) Straßen. Wer sein Rad beherrscht, fährt sicherer!

●○○○○○○

Fitness, Ernährung, Gesundheit

Essen — *Die richtige Auswahl in der Ferne*

Abseits der westlichen Welt gilt die Regel: »Schäl es, koch es oder vergiss es!«

★

Essen — *Fern vom heimischen Herd*

Der Magen ist Ihr Verbrennungsmotor. Halten Sie ihn fit: Vermeiden Sie ungekochtes Wasser, ungekochte Milch, Eiswürfel, Flaschen mit beschädigten Siegeln, Früchte, deren Schale man mitisst, Salat, Fisch, Eiscreme und Softeis. In Lokalen kann man vom Hygiene-Zustand des Speisesaals auf die Speisen schließen.

★

Fitnessstudio — *Radlers Wahl 1*

Spinning: Der Trainer sollte Sportlehrer, Sportphysiotherapeut oder der Lokalmatador auf dem Radel sein, andere gelten nicht.

Fitnessstudio — *Radlers Wahl 2*

Verhandeln Sie: Je länger der Vertrag laufen soll, desto billiger muss es werden!

Fitnessstudio — *Radlers Wahl 3*

Achten Sie auf das Kleingedruckte – Kündigungsfristen, Ausschluss bestimmter Bereiche (z.B. Sauna, Solarium) usw.

Fitnessstudio — *Radlers Wahl 4*

Ein Club, der kein unverbindliches Probetraining erlaubt, ist keine gute Adresse!

Fitnessstudio — *Radlers Wahl 5*

Eine Aufnahmegebühr muss auch eine Gegenleistung haben, Fitnesscheck (Ergometer, Muskelfunktion, individuelle Leistungsfähigkeit) und intensive Geräteeinweisung sollten schon drin sein! Klären Sie dies ab!

Flüssigkeit — *Schweiß und Trinken*

Mit dem Schweiß verlassen auch die Mineralien Natrium, Kalium, Calcium und Magnesium den Körper. Man tut gut daran, diese beim Trinken wieder zuzuführen. Einfaches Tafelwasser reicht dafür nicht aus. Die berühmte Apfelsaftschorle reicht bei geringer bis mittlerer Belastung.

Flüssigkeit — *Tabu-Getränke*

Machen Sie eine große Kurve um Alkohol und Wasserräuber wie zum Beispiel Kaffee und schwarzen Tee. Deren Genuss muss mit der gleichen Menge Wasser kompensiert werden.

Flüssigkeit — Trinken!

Wer trinkt, bleibt fit! Nicht nur beim Hochleistungssport ist Flüssigkeitsmangel leistungshemmend, auch auf Tour gilt: Trinken, trinken, trinken. Faustregel: Auf gemütlichen Touren mindestens 500 ml in der Stunde, bei sportivem Fahrstil mindestens 750 ml. »Renner« sollten 1000 ml innerhalb von 60 Minuten trinken.

○○○●○○○

Getränkepulver auflösen — Was hilft

Werden zwei Nüsse mit in das Wasser mit dem aufzulösenden Getränkepulver hineingelegt, löst es sich schneller in der Trinkflasche auf.

○○●○○○○ ★

Infektionen — Nie die Flasche des anderen greifen

So kollegial es auch sein mag, trinken Sie nicht aus anderer Leute Trinkflasche! Sie löschen nicht nur Ihren Durst, sondern können sich auch allerlei einfangen...

○○○●○○○

Kettenblatt-Tattoo — Entfernen

Die berühmten »Kettenblatt-Tattoos« auf der Wade reibt man einfach mit Babyöl ein und nach einigen Minuten lassen sie sich abwischen. Wer in sein Not-Set ein Erfrischungstuch gelegt hat, der weiß es jetzt zu nutzen.

○○○○○●○ **5 Min.** ★

Knieschmerzen — Einseitig

Kontrollieren Sie zuerst die Stellung der Pedalplatten unter den Schuhen. Eventuell sorgen unterschiedliche Einstellungen für die Schmerzen. Auch können verschieden lange Beine die Ursache sein. Ihr Orthopäde kann dies auf einfache Weise vermessen. Entsprechende Unterlegscheiben zwischen den Schuhen und den Platten gleichen die Unterschiede aus.

○○○○●○○

Kühlen — Kühl-Pads haben viele Gesichter

Kühl-Pads, Eiswürfel oder Tiefkühlkost... Mit einer sichernden Plastiktüte herum funktionieren sie alle. Ich habe beste Erfahrungen mit Erbsen gemacht. Mais formt sich auch gut ums Kniegelenk. Trauen Sie sich, aber erzählen Sie Ihren Mitbewohnern nichts.

○○●○○○○ ★

Kulturbeutel — Ordnung reinbringen 1

REISERADLER 10

Salben, Puder, Tabletten, Cremes – Ordnung hält man durch klare Filmdosen. Diese werden gefüllt, die Beschriftung (an der unteren Kante anbringen) mit Klebestreifen überkleben. Damit der Wust der Dosen in Reih und Glied steht, ist folgender Gurt zu nähen: Flache 20 mm breite Spanngummileine doppelt nehmen und in 28 mm Abständen Quernähte anbringen. In die entstehenden Zwischenräume passt je eine Dose. Dieser »Patronengurt« kann in beliebiger Länge genutzt werden.

○○●○○○○ **15 Min.** ★★ **Standard**

REISERADLER **Kulturbeutel** — **Ordnung reinbringen 2**

Wer die Filmdosen mit Cremes usw. füllt, sollte die Beschriftung (anschließend mit Tesa überkleben und so gegen ungewollten Abrieb schützen) mit Datum versehen. Bei Cremes sind sechs Monate das Limit, dann müssen sie ersetzt werden.

○○●○○○○ **5 Min.** ★

REISERADLER **Kulturbeutel** — **Ordnung reinbringen 3**

15

Wer im Drogerie-Markt an der Kasse steht, der sieht meist rechts oder links der Kasse ein Regal mit »Probiergrößen zu Minipreisen« – hier gibt es »reisetaugliche« Verpackungseinheiten aller Kulturartikel, da lohnt das Abfüllen kaum!

●○○○○○○

Notreserve — **Ist Pflicht!**

15

Hunger ist ein schlechter Berater in Krisensituationen, deshalb gehören in jede Tourenausrüstung eine Expeditionsnahrung (benötigt nur Wasser und Wärme) und zwei hochwertige Energieriegel (z.B. Powerbars). Sollte alles schief gehen, haben Sie wenigstens einen gefüllten Magen, wenn Sie knifflige Entscheidungen fällen müssen.

○○●○○○○

Organspende — **Ist doch selbstverständlich, oder?**

Wer – egal wie – im Verkehr unterwegs ist, ist in Lebensgefahr. Wenn Sie Ihr Leben verlieren sollten, dann lassen Sie anderen Menschen Ihre Organe zukommen, denen damit eine Zukunft ermöglicht wird! Vielleicht hat man bereits mit viel Blut oder Organen anderer Menschen Ihr Leben zu retten versucht – revanchieren Sie sich schon jetzt mit einem Organspendeausweis!

○○●○○○○

Pickel — **Zahnpasta hilft**

10

Ein Pickel im Schritt ist schmerzhaft und durchkreuzt alle Planungen. Was auch Heranwachsenden im Gesicht schnelle Hilfe leistet, ist Zahnpasta. Sie trocknet den Pickel binnen einer Nacht aus. Also einfach ein Pflaster mit Zahnpasta bestreichen und richtig positioniert aufkleben. Am nächsten Morgen ist der Pickel so trocken wie die Sahara und die Schmerzen sind auf ein Minimum reduziert. Auf keinen Fall aufkratzen, sondern wie gewohnt Sitzcreme u. Ä. benutzen und am nächsten Abend wiederholen.

○○○○○●○ **5 Min.** ★

WELTENBUMMLER **Radapotheke** — **Was hinein gehört**

50

Verbandmaterial (Wundschnellverband, Verbandpäckchen, Mullbinde, Leukoplast, Schere, Sicherheitsnadel), Elastische Binde, Pflaster in verschiedenen Größen, desinfizierende Sprays oder Lösungen, Sportsalbe gegen Verstauchungen/Prellungen, Salbe gegen Sonnenbrand und Insektenstiche, Sitzcreme, Schmerztabletten, Mineralsalztabletten, Sonnenschutz, Lippencreme und individuelle Medikamente (z.B. bei Allergien).

●○○○○○○

Schmerzmittel — **Vor dem Ernstfall testen**

Wer allergische Reaktionen auf Tour ausschließen möchte, der sollte bei der Wahl des Schmerzmittels Sorgfalt walten lassen und lediglich ein Mittel mitnehmen, dessen Verträglichkeit er getestet hat. Bei vielen Langstreckenradlern steht Paracetamol höher im Kurs als Aspirin.

Schmerzmittel — **Was ist was?!** — *Weltenbummler*

Wer Paracetamol nehmen möchte, der findet es im englischen Sprachraum unter den »trade names«: Calpol, Panadol, Panalene, Hedex. Isoprofen liegt in den Geschäften als Nurofen, Advil, Brufen und Junifen. Und Aspirin findet sich als Dispirin, Anadin, Anadin extra (mit einer Spur Paracetamol drin) sowie Aspro Clear.

Schritt — **Atmen lassen**

Ziehen Sie nach dem Rad fahren luftige Kleidung für den Schritt an. Er war den ganzen Tag eingepfercht und muss jetzt atmen. Das verhindert Pustelbildung & Co.

★

Schritt — **Sauber halten**

Waschen Sie Ihren Schritt vor und nach jeder Radfahrt und vergessen Sie ordentliches Abtrocknen nicht – das ist eine wichtige Maßnahme, um Pusteln und Co. zu verhindern.

5 Min. ★

Sitzschmerzen — **Problemursache** — 10

Ist der Sattel zu weich, verformt sich das nachgiebige Material seitlich und diese Wälle drücken sich ins Fleisch... besser: Kernledersättel passen sich perfekt dem Gesäß an, verlangen aber eine lange »Einfahrzeit« und sind »knüppelhart« (oder gewichtig gefedert).

5 Min. ★

Sitzschmerzen — **Problemursache: Hygiene**

Nicht nur die Form des Sattels und seine Einstellung sind entscheidend für den Komfort. Hygiene wird allzu oft unterschätzt. Seine Radlerhose nach jeder Nutzung zu waschen ist nicht überzogen. Wer sie in der Sonne trocknet, sammelt Pluspunkte, weil ultraviolettes Licht Bakterien tötet. Bevor man aufs Rad springt, ist Gesäßcreme eine gute Ergänzung. Nicht nur, dass sie die Haut geschmeidig macht, sie wirkt zudem antibakteriell. Dass zwischen das Leder der Radhose und den eigenen Körper keine Unterhose gehört, versteht sich von selbst. Abseits des Radelns sollte man möglichst weite Hosen tragen, um die Zirkulation hoch zu halten. Beim Waschen nach dem Rennen bietet sich eine antibakterielle Seife an. Sollte alles nichts helfen, dann ist es sinnvoll, die Sattelhöhe erneut zu prüfen. Wer zu hoch sitzt, bekommt Gesäßschmerzen, wer zu niedrig sitzt, dem schmerzen die Knie.

★

Sitzschmerzen **_Tipps für Frauen_**

Muskeln bieten mehr Komfort als Fett, deshalb kommt der Komfort mit den Kilometern (gilt auch für Männer!). Antibakterielle Beschichtungen und Materialien können kontraproduktiv sein, da sie unter Umständen zu Scheuerstellen führen. Einige Frauen schwören – gegen das eiserne Gesetz – auf das Fahren mit einer kochfesten, nahtfreien Unterhose unter der Radhose. Ein Versuch ist es wert! Verzichten Sie auf Slipeinlagen beim Fahren, da diese die empfindliche Haut noch weiter austrocknen.

●○○○○○○ ★

Sonne **_Lassen Sie sich nicht täuschen: UV-Strahlung_**

Selbst im Wasser reduziert sich die Strahlung (50 cm Tiefe) nur um 60 %. Nasse Kleider oder UV-Schutz ändern daran nichts…

●○○○○○○

Sonne **_Lassen Sie sich nicht täuschen: UV-Strahlung_**

Im Schatten reduziert sich die UV-Strahlung lediglich um 50 %.

●○○○○○○

Sonne **_Lassen Sie sich nicht täuschen: UV-Strahlung_**

Zwischen 11-13 Uhr erreichen 50 % der täglichen UV-Strahlung die Erde.

●○○○○○○

Sonne **_Lassen Sie sich nicht täuschen: UV-Strahlung_**

Fast 90 % der UV-Strahlung durchdringen eine geschlossene Wolkendecke.

●○○○○○○

Sonne **_Lassen Sie sich nicht täuschen: UV-Strahlung_**

Pro 1000 Höhenmeter nimmt die Strahlung um rund 15 % zu.

●○○○○○○

Traubenzucker **_Ist tabu_**

Traubenzucker jagt den Blutzuckerspiegel hoch und anschließend fällt er umso tiefer. Greifen Sie zum Energieriegel (z.B. Powerbar oder auch schlicht eine Banane) oder kehren Sie ein. Traubenzucker rettet Sie nur aus einem akuten Notstand und nur sehr kurz, für lang andauernde Leistungsfähigkeit leistet er keinen Beitrag.

○○○●○○○

Trinken **_Strategie bei Vorratsmangel_**

Wenn die Getränkevorräte zur Neige gehen, ist es besser, normal weiter zu trinken und dadurch noch eine Weile fit zu bleiben, als schon jetzt auf Sparflamme umzusteigen und damit die Leistungsunfähigkeit selbst einzuleiten. Diese Strategie setzt aber voraus, dass Sie prinzipiell die Hoffnung haben, dass Sie wieder Getränke bekommen. Ist Ihnen diese Hoffnung nicht zu eigen, dann lautet die Strategie: Sparen, sparen, sparen!

○○○○●○○ ★

Wärmflasche **_Im Outdoorstil_**

Eine mit heißem Wasser gefüllte Sigg-Flasche eingewickelt in ein T-Shirt macht eine gute Outdoor-Wärmflasche…

○○○○●○○ **_5 Min._** ★

Wasserentkeimungsmittel — **Überdosierung**

WELTENBUMMLER 30

Abseits der (westlichen) Zivilisation sind Wasserentkeimungsmittel nicht selten die einzige Chance, an trinkbares Wasser zu gelangen. Doch Vorsicht: Überdosierung ist vor allem bei Mitteln, die mit Chlor oder Jod funktionieren, schädlich.

★

Wintertouren — **Aufwärmen ist Pflicht**

Je kälter es wird, desto wichtiger wird das Aufwärmen, um Muskelkater und Verletzungen zu verhindern.

Erste Hilfe

Achillessehne — **Schmerzen**

Stellen Sie den Sattel höher, wenn die Achillessehne schmerzt. Denn ein höherer Sattel reduziert die Achillessehnenbewegung und bringt damit Entlastung.

5 Min. ★ **Bike-Pack**

Allgemein — **Spielregel Nummer 1**

3

Leisten Sie an blutigen Wunden nur mit sterilen Handschuhen Erste Hilfe: Was gut gemeint ist, kann sonst schlecht enden.

5 Min. ★ **Standard**

Arm- und Schulterverletzungen — **Schonhaltung**

Der Körper nimmt unweigerlich eine Schonhaltung ein. Fixieren Sie diese durch (improvisierte) Verbände und suchen Sie einen Arzt auf.

5 Min. ★

Dehydration — **Schnelltest**

Hautfalte am Arm zusammendrücken: Bildet sie sich nur sehr langsam zurück, dann herrscht akuter Flüssigkeitsmangel.

★

Gesäßprobleme — **Katastrophenhilfe**

Hat man sich den berühmten »Wolf geholt«, dann kann eine üppige Ladung Melkfett helfen. Tropft bereits das Blut, so hilft nur Sprühverband und Anestesin (R) Salbe. Hier ist jedoch Vorsicht geboten! Die Salbe heilt nicht, sondern betäubt. Das heißt in der Praxis, dass jeder unter diesen Bedingungen zurückgelegte Meter die Situation verschärft.

5 Min. ★★

Kühlen — **Was ist zu tun?**

Kühlen der Wunde lindert den Schmerz und lässt die Blutgefäße kontrahieren, auch Schwellungen gehen zurück. Also Eis drauf!

5 Min. ★

Muskelkater — **Was nun? 1**

Hier muss man nicht sofort zu Medikamenten greifen, sondern erst einmal viel Flüssigkeit zuführen.

5 Min. ★

Muskelkater — *Was nun? 2*

Arnika-Öl ist optimal (Mischungsverhältnis ungefähr einen Esslöffel auf einen halben Liter Wasser). Einfach einreiben.

5 Min. ★

Muskelkater — *Was nun? 3*

Besonders cool wird es mit Pfefferminzöl. Doch nicht übertreiben, lieber einige Tropfen Pfefferminzöl mit zwei Esslöffeln Speiseöl vermischen und dann einreiben.

5 Min. ★

Muskelkater — *Was nun? 4*

Kiefernöl in 10- bis 50-prozentiger Konzentration ist ebenfalls ideal zum Einreiben.

5 Min. ★

Muskelkater — *Was nun? 5*

Wer ein entspannendes Bad wünscht, der greift zu Rosmarinöl (ca. 2 ml) oder Rosmarinblättern (ca. 50 gr).

5 Min. ★

Nasenbluten — *Auftrecht halten*

Drücken Sie die Nase (vorsichtig) zusammen, halten Sie sich aufrecht ohne den Kopf nach hinten fallen zu lassen, warten Sie 5 Minuten. Wenn das Bluten aufhört, putzen Sie die Nase den folgenden Tag nicht. Wenn das Bluten nach einer halben Stunde nicht aufhört, suchen Sie einen Arzt auf.

★

GELÄNDE-TOURER

Notrufnummern — *Beispiel: Alpen*

Hilfe in der Not gibt es unter der Nummer: Deutschland 112 oder 19222 (mit Ortsdurchwahl), Schweiz 144 (die Luftrettung REGA unter 0041 1 1414), Italien 118 und Österreich 144.

Rettungsdecke — *Ist Pflicht*

Eine Rettungsdecke im Gepäck kann ihrem Namen alle Ehre machen. Liegt sie zu Hause oder in der Apotheke, kann sie wenig nützen.

WELTEN-BUMMLER

Schlangenbisse — *Seien Sie vorbereitet*

Vergewissern Sie sich vor Abreise, ob das Reiseziel giftige Schlangen beherbergt. Wenn ja, sollten Sie sich ein »Schlangenbiss-Set« aus der Apotheke oder dem Outdoorladen besorgen und mitnehmen. Sind Sie gebissen worden, haben Sie in der Regel etwa 90 Minuten, um ein Krankenhaus zu erreichen. Es gibt allerdings ein paar (tödliche) Ausnahmen…

Sehnenscheidenentzündung — *Was ist zu tun?*

Ob am Knie, an der Hand oder an der Achillesferse: Bei diesen akuten Beschwerden ruhig stellen, entlasten und kühlen.

★

Unterkühlung — *Schnelle Hilfe*

Beim winterlichen MTB-Trip in den Bach gefallen oder auf dem Gipfel vom Schnee überrascht? Leichte Unterkühlungen (Temperatur in Gehirn, Brust und Bauch sinkt unter 37°C) sind an Blässe, Kältezittern, hektischer Atmung und hohem Puls erkennbar. Schnellstmöglich trockene Kleidung anziehen, zudecken und heiße Getränke nehmen. Im schweren Stadium hört das Zittern auf, Puls und Atmung verlangsamen sich und die Haut färbt sich fleckig blau: Opfer vorsichtig betten, mit Decken und Wärmflaschen (40 Grad) erwärmen. Dabei den Puls kontrollieren und keinesfalls bewegen, sonst droht tödlicher Schock aufgrund der Mischung von warmem innerem Blut und kaltem äußerem Blut.

○○○○●○○ **2 Stunden** ★★ **Standard**

Vorsorgen — *Falls Sie in Not geraten 1*

Je einsamer und wilder das Gelände, in dem Sie unterwegs sind, desto wichtiger ist es, dass man Sie schnell identifizieren kann. Für die Erste Hilfe und Lebensrettung relevante Allergien gehören vermerkt, ebenso wie eine Telefonnummer oder E-Mail-Adresse aus der Heimat. Platzieren Sie diese auf Helm, Rahmen und am Körper (mit Filzmarker auf den Innenarm).

●○○○○○○ **5 Min.** ★

Vorsorgen — *Falls Sie in Not geraten 2*

Wer nicht ständig den Arm beschriften möchte, der lässt sich US- oder Bundeswehr-Erkennungsmarken entsprechend gravieren.

●○○○○○○ **5 Min.** ★

Wärme — *Wann sie hilft*

Wärme hilft bei Krämpfen, Muskelkater und allgemeinen Verspannungen.

○○○○●○○

Wärme oder Kälte — *Timing muss stimmen*

Die Mediziner kennen aber auch die Abfolge, zuerst akut zu kühlen und anschließend Wärme zuzuführen: Bei Zerrung die ersten 48 Stunden kühl halten, ist die Schwellung weg, kann man mit Rotlicht arbeiten. Gilt für Verstauchungen und Prellungen.

○○○○●○○

Wunden 1

Hat sich der erste Schock nach dem Sturz verflüchtigt, müssen Sie die Wunde reinigen. Einfach mit Wasser ausspülen, wer Tiefenwirkung haben möchte, der nimmt eine Bürste hinzu (sehr gut, aber auch schmerzhaft und erfordert »professionelle« Nachbearbeitung).

○○○○●○○ **5 Min.** ★★

Wunden 2

Wunden sollten innerhalb der ersten sechs Stunden sorgfältig gereinigt werden.

○○○○●○○ **5 Min.** ★

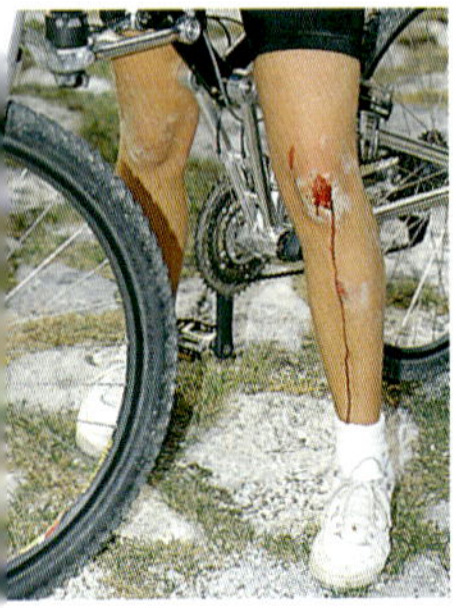

Wunden 3

Können Sie die Wunde nicht unterwegs reinigen, spülen Sie die Wunde im Nachtlager mit lauwarmem Wasser aus.

○○○●○○○ **5 Min.** ★

Wunden 4

Verbliebene Fremdkörper in der Wunde können Sie mit einem frischen Papiertaschentuch oder »Schlinggaze-Tupfern« (die sind mit Desinfektionslösung getränkt) entfernen.

○○○●○○○ **5 Min.** ★★

Wunden 5

Wer es genau machen möchte, der schäumt die Wunde mit dreiprozentigem Wasserstoffperoxyd aus.

○○○●○○○ **10 Min.** ★★★

Wunden 6

Feucht oder trocken lagern? Die Mediziner streiten sich noch immer. Eines ist aber klar: Je früher die Wunde trocken ist, desto weniger Klamotten versaut man sich!

○○○●○○○ ★

Wunden 7

Was blutet, gehört hoch gelagert, ob Bein, Nase oder Hand! Blutet es weiter, Risse zusammendrücken, aber niemals direkt in die Wunde fassen. Nun Druckverband mit Kompresse anlegen. Diese darf maximal 20 Minuten belassen werden. Zum Arzt mit dieser Wunde!

○○○○●○○ ★

Wunden 8 Alarmsignale

Rötet sich die Wunde, eitert sie oder schwillt sie an, dann treiben Bakterien ihr übles Spiel. Wenn Sie außerdem Fieber und/oder geschwollene Lymphknoten in der Leiste oder Achselhöhle verspüren, dann ist Eile geboten... schnell zum Arzt!

○○○○●○○ ★

Wunden 9

Wenn Sie sicher sein wollen, dass die Wunde trocken wird, dann bringen Sie die verletzte Hautpartie unter maximale Dehnung (Beine beispielsweise vollständig anwinkeln) und föhnen Sie die

Wunde aus ca. 40 cm Entfernung mit niedriger Hitze. Lassen Sie sich Zeit und wechseln Sie die Beinstellung zwischendurch.

○○●○○○○ **10 Min.** ★★

Wunden — *10 harte Version*

Haben Sie keine Desinfektionsmittel parat, dann verwenden Sie hochprozentigen Schnaps. Und zwar wie folgt: einen Kurzen in den Rachen – gegen den Schmerz, der folgt, wenn Sie den zweiten Kurzen über die Wunde kippen... nur für Hartgesottene!

○○○○●○○ **5 Min.** ★★★★

Wunden — *11*

Ist die Wunde ausgeföhnt und abgekühlt, reiben Sie sie mehrfach täglich hauchdünn mit Ringelblumensalbe, Betaisodona oder Vaseline/Melkfett ein. So bleibt die Oberfläche geschmeidig – und wenn Sie dünn cremen sogar auch trocken.

○○●○○○○ **5 Min.** ★

Zahnarzt — *In weiter Ferne*

WELTEN-BUMMLER

Was an sich auch gut so ist. Wird unangenehm, wenn die erste Füllung den Abgang macht. Kerzenwachs kann das Loch vorübergehend stopfen. Doch mit Beeilung zum nächsten Dentisten.

○○○○●○○ **5 Min.** ★★

Schwanger radeln

Schwanger radeln — *»Cool bleiben«*

Halten Sie sich kühl und trinken Sie sehr viel.

○○○●○○○ ★

Schwanger radeln — *Ausreichend verproviantieren*

Packen Sie reichlich Nahrung ein, wenn Sie auf Tour gehen, denn es müssen zwei versorgt werden...

●○○○○○○ ★

Schwanger radeln — *Platz schaffen*

Richten Sie Ihren Oberkörper auf, erhöhen Sie den Vorbau, so hat das Kind mehr Platz!

○○●○○○○ **5 Min.** ★ ***Bike-Pack***

Schwanger radeln — *Streckenwahl 1*

Wählen Sie Strecken, auf denen Sie schnell Hilfe erwarten können, falls der neue Erdenbürger früher kommen möchte...

○○○●○○○ ★

Schwanger radeln — *Streckenwahl 2*

Wählen Sie Strecken, auf denen Sie selten anhalten müssen, so müssen Sie den Bauch nicht so oft »auf den Sattel« heben.

○○○●○○○ ★

Schwanger radeln — *Schaltstil anpassen*

Die Gelenke werden während der Schwangerschaft hormonbedingt flexibler und reagieren auf »dicke« Gänge nicht freundlich. Fahren Sie also in leichten Gängen und halten Sie die Drehzahl hoch!

●○○○○○○

Tourenpartner Hund

Check — Vor der Tour

Vor einer größeren Tour oder einer mehrtägigen Radreise sollten Sie Ihren Hund beim Tierarzt durchchecken lassen. Unterwegs ist Hilfe mitunter schwer zu finden und kostspielig.

●○○○○○○

Ferne Länder — Gesetze beachten

Soll Ihre Tour Sie in ferne Länder führen, überprüfen Sie, welche Einreisebestimmungen für Hunde bestehen. Achten Sie auch auf die Gesetzeslage vor Ort. Die Botschaft des jeweiligen Landes gibt entsprechende Hinweise.

●○○○○○○

Gepäck — Selbst ist der Hund

120

Sind die Touren kurz und Ihr Hund ist kräftig, dann kann der Vierbeiner seine Ausrüstung auch selbst tragen. Entsprechende Taschen gibt es zum Beispiel von Ortlieb.

●○○○○○○

Hunde — haben andere Interessen

Hunde haben einen anderen Rhythmus: Schnüffeln, Spielen und Ruhen gehören zur Tour. Planen Sie dies in den Tourenablauf ein.

●○○○○○○

Hunde — sind keine Zugtiere

Lassen Sie sich niemals von Ihrem Hund ziehen, wenn er ein Halsband hat. Dafür eignen sich nur Brusthalfter.

○○○●○○○

Lange Touren — Hunde haben Grenzen

Kaum ein Hund schafft mehr als 40 Kilometer am Tag. Richten Sie Ihre Planung entsprechend aus.

○○●○○○○

Lange Touren — **Hunde werden zum Gepäck**

Wer längere Etappen plant, der muss den Hund als »zusätzliches Gepäck« einplanen. Denn irgendwann will der Hund nicht mehr. Dann müssen Sie den Hund transportieren. Am besten im Anhänger.

●○○○○○○

Lange Touren — **Verpflegung für den Hund einpacken**

Bei großen Touren muss nicht allein für viel Trinken gesorgt sein, sondern auch ausreichend Futter. Packen Sie deshalb auch bei Tagestouren Hundefutter in die Packtasche. Warten Sie nicht auf den Leistungseinbruch des Vierbeiners, kommen Sie ihm zuvor. Hungerast ist auch für Hunde eine Qual.

○○●○○○○

Laufstil — **Galopp vermeiden**

Galopp schädigt auf Dauer die Gelenke des Hundes. Meiden Sie diesen Laufstil deshalb!

○○○●○○○

Leine — **gehört nichts ans Rad**

Knoten Sie niemals die Leine ans Fahrrad. Es gibt spezielle Halterungen, die flexibel sind, wenn der Hund »tobt«.

○○○●○○○

Schwüles Wetter — **meiden**

Große Hitze und Schwüle ist für Hundetouren nichts! Denn Hunde können nicht über den Körper schwitzen.

○○○●○○○

Straßenverkehr — **Anfangs meiden**

Trainieren Sie mit Ihrem Hund. Zuerst abseits des Straßenverkehrs. Machen Sie sich mit Ihrem Hund und seinen Reaktionen vertraut. Sie sind später für ihn verantwortlich.

○○●○○○○

Straßenverkehr — **Hund gehört nach rechts**

Aus Sicherheitsgründen sollten Sie den Hund stets auf der rechten verkehrsabgewandten Seite führen.

○○○●○○○

Tempo — **Hund gibt Tempo an**

Wie in der Gruppe bestimmt der Schwächste das Tempo, also Ihr Hund. Respektieren Sie die Leistungsgrenze Ihres Hundes.

○○○●○○○

Tourenstart — **Auswachsen abwarten**

Touren können erst starten, wenn der Hund ausgewachsen ist. Im Wachstum können überzogene Touren Schädigungen hervorrufen.

●○○○○○○

Training — **wirkt**

Hunde wie Radler müssen sich an Touren gewöhnen. Training zeigt schnell Wirkung, auch beim Hund. Kleine und langsame Touren stehen am Anfang.

○○●○○○○

DIE AUSRÜSTUNG

Ausrüstung wählen

Radreisen — In den USA
REISERADLER

Kaufen Sie fehlende Ausrüstung in den USA, wenn es sich nicht um europäische Hersteller handelt. Das spart Geld! Gute Quelle ist www.llbean.com.

Allgemein: Was man wirklich braucht — 1

Es gibt eine einfache Regel, die nur selten eine Ausnahme hat: Wenig Gepäck = viel Tourenspaß!

●○○○○○○

Allgemein: Was man wirklich braucht — 2

Fragen Sie sich: Wie häufig brauche ich den Ausrüstungsgegenstand und was passiert, wenn ich ihn nicht zur Hand habe?

●○○○○○○

Allgemein: Was man wirklich braucht — 3

Wie viel wiegt das Teil? Ist mir der Nutzen, das Zusatzgewicht wert?

●○○○○○○

Allgemein: Was man wirklich braucht — 4

Wie klein kann man ein Teil verpacken? Bin ich bereit, diesen Platz in den Taschen zu opfern?

●○○○○○○

Allgemein: Was man wirklich braucht — 5
REISERADLER

Ist das Teil stabil, lässt es sich reparieren und trocknet es schnell? Wie hoch ist die Wahrscheinlichkeit, dass das Ding zum »Störenfried« wird?

●○○○○○○

Allgemein: Was man wirklich braucht — 6

Kann ich das Teil unterwegs beschaffen, ersetzen oder reparieren? Bin ich bereit, im Bedarfsfalle vor Ort mehr zu bezahlen, aber das Teil zu Hause zu lassen?

●○○○○○○

Allgemein: Was man wirklich braucht — 7
REISERADLER

Wer länger als 14 Tage unterwegs ist, der sollte ein Spiel mitnehmen. Skat-Karten sind leicht und vielseitig. Es gibt auch leichte Brettspiele...

●○○○○○○

Gönnen Sie sich was! — Freude-Utensilien

Egal, wie sparsam Sie reisen wollen, gönnen Sie sich mindestens drei »brauche ich nicht, aber bringt mir Freude«-Utensilien. Wählen Sie diese ganz subjektiv aus: Kopfkissen, Roman, Kamera-Stativ, Deo, Kuscheltier oder Schuhe... Entscheiden Sie selbst.

●○○○○○○ ★

Komfort — *Gewicht*

Den höchsten Komfort auf Reisen bietet ein leichtes Gepäck, denn meist sitzen Sie länger im Sattel als Sie schlafen, ausruhen, spielen oder kochen. Deshalb sollten Sie dem Fahren auch die höchste Priorität bei der Ausrüstungsauswahl einräumen.

★

Monotonie — *Auf langer Tour: Kalorien streicheln die Seele*

Bei aller Euphorie für leichtes Gepäck und asketischen Lebensstil: Vergessen Sie nicht, dass Sie ein Mensch mit Gefühlen sind. Nehmen Sie deshalb auch »Leckerlies« mit (kleines Buch fürs Hirn, Schokolade für die Seele, Pflegecreme für den Körper, ...)

5 Min. ★

Tourenausrüstung — *Letzte Durchsicht*

Wenn Sie meinen, alles zusammen zu haben, können Sie 1/3 wieder aus den Packtaschen nehmen, ohne auf der Tour etwas zu vermissen. Selbst erfahrene Radler nehmen jedes Mal wieder zu viel mit. Postsendungen mit überflüssigem Gepäck sind kostspielig.

15 Min. ★

Bekleidung

Defekte Druckknöpfe — *Wiederbeleben*

Lässt sich der Druckknopf nicht reparieren, muss er ersetzt werden. Am besten herkömmlichen Knopf annähen und als Gegenstück eine Schlaufe aus Reepschnur fixieren.

15 Min. ★★ **Bike-Pack**

Auf großem Fuße — *Passende Angebote*

250

Mit den Modellen »Genius 3« (Straße) und »Dominator 2« (MTB/Trekking) bietet Sidi extra breit ausgeführte Radschuhe an.

Auswahl — *Wind- oder regendicht?*

Generell gilt, dass winddichte Kleidung atmungsaktiver als regendichte Kleidung ist. Deshalb sollten sportive Biker und andere, die schnell ins Schwitzen geraten, winddichte Kleidung der regendichten vorziehen.

Eins für (fast) Alles — *Buff*

20

Ob Mütze, Schal oder Muff, der »Buff« ist universell einsetzbar und darf deshalb in keinem Reise-Kleiderschrank fehlen.

Funktionsunterwäsche — *Warum?*

Funktionsunterwäsche ist wichtig für den Komfort auf Radtouren. Die Unterwäsche leitet Feuchtigkeit weiter und schützt so die Haut vor Abkühlung.

Funktionsunterwäsche — *Was sie leistet*

Gute Funktionsunterwäsche nimmt die Feuchtigkeit auf und leitet sie weiter. Ein Netzunterhemd nimmt kaum 20 Gramm (bei 130 gr Eigengewicht) auf.

Funktionsbekleidung — *Auf Länge achten*

Funktionsunterwäsche muss ausreichend lang geschnitten sein. Testen Sie dies: Stecken Sie sich das Shirt in die Hose und nehmen Sie eine Haltung ein, die Ihrer Fahrradhaltung gleicht. Rutscht das Shirt aus der Hose, ist es zu kurz.

5 Min. ★

Funktionsunterwäsche — *Bedürfnisorientiert*

Funktionsunterwäsche muss dem Schnitt nach Ihren Bedürfnissen entsprechen, nicht der Mode angepasst sein! Ob Träger-, T- oder Langarmshirt oder gar Rolli, Sie treffen die Wahl gemäß Ihrer Vorhaben!

15 Min. ★

Funktionsunterwäsche — *Auf die Nähte kommt es an*

Für den Tragekomfort unerlässlich: Die Nähte müssen flach gearbeitet sein. Besonders an den Schultern ist dies wichtig, wenn man gelegentlich einen Rucksack trägt.

5 Min. ★

Funktionsunterwäsche — *Material*

Funktionsunterwäsche gibt es in verschiedenen »Stärken«. Netzartige Hemden sind vor allem für Sportler gemacht, die stark schwitzen. Wer es gemütlicher angehen lässt nimmt ein »geschlossenes« Hemd. Achten Sie darauf, dass dieses innen angeraut ist. Nur so entwickelt es eine hohe Wärmeleistung.

Funktionsunterwäsche — *Tipps zum Kauf*

Ziehen Sie zum Kauf ein möglichst enges und dünnes Shirt an, denn die meisten Läden erlauben es verständlicherweise nicht, dass Sie das Funktionshemd auf nackter Haut ausprobieren.

Gore-Tex & Co. — *Flecken entfernen*

Flecken sind mitunter zäh, das ist auch bei Gore-Tex der Fall. Fleck vorsichtig mit Spülmittellösung betupfen. Niemals reiben, das verteilt den Dreck in der Tiefe und flächig. Als Geheimtipp wird zudem Gallseife aus der Drogerie gehandelt.

15 Min. ★

Gore-Tex & Co. — *Pflege bringt Funktion*

Wer seine Gore-Tex-Kleidung nicht regelmäßig pflegt, der hätte sich die Investition sparen können. Denn eine undichte Jacke saugt sich voll und verliert dabei bis zu 80 Prozent ihrer Atmungsaktivität. Zudem verringern auch eingelagerte Fette und Schweiß den Feuchtigkeitstransfer nach außen.

30 Min. ★

Gore-Tex & Co. — *Richtig waschen 1*

Waschen Sie diese bei 30°C und mit Wollwaschmittel in der Waschmaschine. Verwenden Sie niemals Weichspüler. Er zerstört die Oberflächenspannung, die die Wasserdichtigkeit erzeugt.

45 Min. ★

Gore-Tex & Co. — *Richtig waschen 2*

20 Gore-Tex freut sich besonders über spezielles Pflegemittel (z.B. bietet Nikwax ein entsprechendes Mittel an).

45 Min. ★

Gore-Tex & Co. — *Richtig waschen 3*

Lassen Sie zweifach spülen, um die Waschmittelreste aus dem Gewebe herauszuspülen, denn die Reste verschlechtern das Abperlverhalten.

15 Min. ★

Gore-Tex & Co. — *Richtig waschen 4*

Abschließend bei starker Hitze in den Trockner (Etikettinweise beachten) oder bei niedriger Stufe aufbügeln. Das frischt die Imprägnierung der Oberfläche auf.

15 Min. ★

Gore-Tex & Co. — *Vorsicht mit Nadel und Faden*

15 Bei wasserdichter Kleidung sind Nadel und Faden tabu: Hier muss man mit den Flicken von Gore hinkommen. Die halten auf jedem trockenen und sauberen Nylon oder Polyester.

Helm — *Rabatt nach Crash*

250 Glück im Unglück: Wer bei einem Sturz seinen Helm (und hoffentlich nur diesen) zerstört, der kann – vorausgesetzt der Helm kommt vom richtigen Hersteller – einen saftigen Rabatt beim Neukauf eines Helms erwarten. Bis zu 70%! Ein Kaufargument, das die Wahl mit entscheiden sollte.

5 Min.

Helm — *Schnäppchen: Eine Frage des Alters*

In jedem Helm ist ein Sticker mit dem Produktionsdatum zu finden. Kaufen Sie keinen Helm, der älter als zwei Jahre ist. UV-Bestrahlung zerstört die stoßabsorbierenden Fähigkeiten des Helms, Helme aus dem sonnengefluteten Schaufenster sind niemals ein Schnäppchen.

5 Min. ★

Helm — *Warum eigentlich?*

Warum Sie mit Helm fahren sollten? Weil in der heutigen Gesellschaft (und das seit langem) Kopfarbeit besser bezahlt wird als körperliche (mit wenigen Ausnahmen!). Schützen Sie also Ihr Kapital. Über 50 Prozent aller Biker, die im Krankenhaus landen, haben Kopfverletzungen.

Jacken — *Wie viele Lagen Laminat?*

Durch mehrere Lagen im Laminat erhöht sich die Wassersäule nicht. Mehr noch, die Wasserdampfdurchlässigkeit nimmt mit jeder Lage ab. Insofern gilt bei Jacken und Zelten gleichermaßen: So dünn wie möglich, so dick wie nötig. Lieber eine dünne, gut belüftete Jacke und diese gelegentlich mit einem langen Trikot kombinieren, als ständig einen »Brutkasten« überstülpen.

5 Min.

Kleidung — *Trocknen*

Radklamotten waschen, anschließend auswringen und nun in ein trockenes Handtuch eingewickelt erneut auswringen. Trikots und andere dünne Kunstfaser-Leibchen sind bereits jetzt trocken. Socken und Hosen mit Einsatz einfach über Nacht zwischen Schlafsack und Isomatte legen. Am Morgen sind sie garantiert trocken.

10 Min. ★

Kleidung richtig imprägnieren — *1*

Entgegen der landläufigen Meinung sind Sprays besser als Tauchbäder. Nehmen Sie das Kleidungsstück aus der Waschmaschine, lassen Sie es abtropfen und sprühen Sie es ein. Anschließend in den Trockner (Etikettehinweise beachten). Jetzt setzen sich die Imprägnierstoffe auf den Fäden des Obermaterials. Wiederholen Sie diese Vorgehensweise (einsprühen – Trockner) einige Male.

1 Stunde ★★

Kleidung richtig imprägnieren — *2*

Die Zeitschrift outdoor empfiehlt folgende Mittel: Villmark Extreme Spray, Nikwax TX Direct und Granger's Superpruf.

5 Min. ★

Kleidung richtig pflegen — *Schuhe*

Schuhe mit Kunstfaser-Obermaterial müssen Sie einfach nur abbürsten, mit Wasser reinigen und bisweilen mit fluorhaltigem Spray imprägnieren.

10 Min. ★

Kleidung richtig waschen — *Etikett lesen*

Es bedarf keiner Ausbildung, aber des Lesens sollte man mächtig sein, um keine Fehler zu machen. Lesen Sie das Etikett und beachten Sie diese Pflegehinweise. Auch gilt die alte Regel, so oft wie nötig, so selten wie möglich zu waschen. Halten Sie sich dran! Zudem sollten Sie vor dem Waschen alle Reißverschlüsse, Knöpfe und Schnallen schließen.

5 Min. ★

Kleidung richtig waschen — *Mischgewebe*

20 Besonders Trekkingjacken haben bisweilen Mischgewebe. Hierfür gibt es spezielle Wachse (beispielsweise Fjällräven Grönland Wachs): Oberstoff nach dem Waschen einreiben und in einem Baumwollbeutel verpackt in den heißen Trockner werfen. Nun dringt das Wachs ins Material. Doch beachten Sie: Je mehr Wachs Sie auftragen, desto schlechter wird die Atmungsaktivität.

★

Kleidung richtig waschen — *Fleece*

Fleece und andere Synthetikmaterialien können Sie bei 30°C in die Waschmaschine stecken. Benutzen Sie normales Waschmittel und drehen Sie die Kleidung auf links. In den Trockner nur, wenn es das Etikett erlaubt!

45 Min. ★

Kleidung richtig waschen: Elastisches — *Warnung*

Elastische Gewebe wie Lycra niemals Schleudern oder in den Trockner geben. Das eine überdehnt die elastischen Garne, das andere zerstört sie durch Hitze.

★

Kleidungsetiketten — *Symbolkunde*

Die fünf Symbole sind international: Der Wassertrog zeigt, mit welcher Temperatur gewaschen werden darf. Gleiches gilt fürs Bügeleisen-Symbol. Aufschluss übers Chloren gibt das Dreieck und der Kreis bezieht sich auf die chemische Reinigung. Trockner sind repräsentiert durch das Quadrat. Gemäßigte Behandlung wird durch einen Strich unter dem Symbol verlangt.

Material — *vergessen*

Haben Sie eine Isolationsschicht vergessen, dann machen Sie es wie die Profis. Tageszeitungen isolieren sehr gut! Unter Trikot und Hose schützen sie einige Zeit vor Unterkühlung. Altpapiercontainer sind insofern kostenlose Materiallager!

10 Min. ★

Neopren-Ausrüstung — *Richtig Pflegen*

5 Es gibt Kamerataschen aus Neopren, Handyfächer und Regenüberschuhe... Wenn Sie diese Gegenstände länger einlagern, reiben Sie sie zuvor mit Talkum ein. Das hält sie geschmeidig.

5 Min. ★

Oakley — *Gute Sicht – auch bei Rahmenbruch*

35 Die Sonnenbrillen von Oakley sind gut, aber nicht »unkaputtbar«. Bricht der Rahmen, kann man Sie einschicken und erhält für etwa € 30,- einen neuen. Infos unter: Tel. 00800/62553900 oder www.oakley.com

15 Min. ★

Radhose — *Waschen Waschen Waschen*

Zum wiederholten Male: Waschen Sie die Radhose nach jeder Fahrt: Bakterien überleben Trockenheit, und das einige Tage...

15 Min. ★

Regenkleidung — Tendenz: Größer kaufen

Winter- und Regenbekleidung sollte man immer etwas größer kaufen, so bleibt Platz, um eine weitere Schicht darunter zu ziehen.

●○○○○○○ **20 Min.** ★

Reißverschlüsse — Mehr Tempo bitte

Wenn der Reißverschluss mal wieder hakt, einfach die Häkchen mit Stearin (Kerze) einreiben und schon stimmt das Tempo wieder.

○○●○○○○ **2 Min.** ★

Schuhe — Dreck weg! Sofort!

Sie sollten alle Lederpartien Ihrer Schuhe nach jeder (Tages-)Tour vom groben Dreck befreien, denn Lehm & Co. machen das Leder auf Dauer brüchig und somit undicht.

○○○○○●○ **5 Min.** ★

Schuhe — Nach ganz fest kommt ganz lose

Schnürsenkel lassen sich einfach wechseln. Reißt der Klettverschluss, wird es schwieriger. Meist kann man sich mit einigen Bahnen Gaffa-Tape um den gesamten Schuh gewickelt helfen.

○○○○●○○ **10 Min.** ★

Schuhe — Richtig pflegen – Nubuk

Nicht erschrecken, wenn das Nubukleder Ihrer Schuhe nach dem Wachsen seine samtige Oberfläche verliert und ausdunkelt. Der Funktion ist es nicht abträglich.

○○○○○●○ **10 Min.** ★

Schuhe — Richtig pflegen – Sohle

Steine und harte Brocken entfernen Sie am besten mit einem stumpfen Messer oder Schraubenzieher aus der Sohle .

○○○○○●○ **10 Min.** ★

Schuhe — Richtig pflegen 1

Haben Ihre Radschuhe Leder als Obermaterial, dann geht die Pflege vor dem ersten Ausritt los. Behandeln Sie die Schuhe vor dem ersten Tragen mit einem Pflegemittel (Conditioner). Das macht den Schuh geschmeidiger.

○○○○○●○ **5 Min.** ★

Schuhe — Richtig pflegen 2

Pflege beginnt mit der Reinigung: Lassen Sie den Schuh trocknen. Setzen Sie ihn dabei keiner extremen Hitze aus (Feuer oder direkt auf die Heizung gestellt), das macht ihn nur brüchig.

○○○○○●○ **10 Min.** ★

Schuhe — Richtig pflegen 3

Nehmen Sie anschließend die Schnürsenkel heraus und legen Sie einen hölzernen Schuhspanner ein. Nun können Sie die Schuhe mittels einer Bürste vom groben Dreck befreien.

○○○○○●○ **10 Min.** ★

Schuhe — ***Richtig wachsen 1***

Bringen Sie das Wachs ohne spezielle Erhitzung auf. Ihre Körperwärme beim Auftragen des Wachses mit den Fingern reicht in der Regel, um das Wachs gut zu verteilen und ausreichend tief ins Leder einzureiben. Besonderes Erhitzen kann Klebestellen der Schuhe zerstören...

○○○○○●○ ***10 Min.*** ★

Schuhe — ***Richtig wachsen 2***

Pflegen Sie Ihre Radschuhe wie alle anderen Schuhe auch und wachsen Sie sie erst kurz vor – vermeintlichen – Regenfahrten.

○○●○○○○ ***10 Min.*** ★

Schuhe — ***Sohle löst sich***

20 Löst sich die Sohle, kann diese mit »Freesole« oder »Seamgrip« wieder verklebt werden. Doch Vorsicht, unter Umständen dauert das Trocknen bis zu einem Tag!

○○○○●○○ ***10 Min.*** ★★

Schuhe — ***Spray erst nach dem Wachsen***

15 Sind Sie mit dem Wachsen fertig, können Sie die Schuhe mit fluorhaltigem Imprägniermittel behandeln. Wenn Sie den Schuh dabei mit der Sohle nach oben halten, verhindern Sie, dass Spray zwischen Sohle und Leder/Schuhaufbau läuft und im schlimmsten Falle die Klebung zerstört.

○○○○○●○ ***5 Min.*** ★

Schuhe — ***Wachs ist keine Pflege***

Erliegen Sie nicht dem Irrtum, dass Wachs ihre Schuhe pflegen würde. Wachs macht sie nur wasserabweisend.

○○○○○●○

Schuhe — ***Wachs und Gore-Tex***

Wachs hat übrigens kaum Einfluss auf Gore-Tex, weil die Schuhe während des Fahrens derart durchgewalkt werden, dass das Wachs aufbricht und Luftabfuhr möglich ist.

●○○○○○○

Schuhe trocknen — ***Schneller mit Zeitungen***

Einlagen rausnehmen, diese in Zeitungspapier einlegen und separat hinlegen. Den Schuh selbst mit Zeitungspapier voll stopfen (nicht zu fest) und anschließend in einige Lagen Zeitungspapier einrollen, am besten in der Nähe der Heizung aufstellen.

○○○○○●○ ***5 Min.*** ★

Sonnenbrille — ***Aus dem Rahmen fallen***

Achten Sie beim Kauf einer Sonnenbrille darauf, ob Sie beim Umschauen auf dem Rad nicht das Gestell sehen, sondern den Verkehr... es geht um Ihre Sicherheit!

●○○○○○○

Sonnenbrille — ***Haltungsfrage***

Eine Sonnenbrille muss in der Haltung, die Sie meistens auf dem Rad einnehmen, guten Schutz vor der Sonneneinstrahlung bieten. Testen Sie dies vor dem Kauf.

●○○○○○○

Touren im Winter — Richtige Kleidung

Ihre Kleidung sollte eng anliegen, besonders an den Bein- und Armabschlüssen. Sie sollten Ihr Gesicht mit einer Creme vor der Kälte (und evtl. vor der Sonne) schützen.

Überschuhe — In der Leichtversion

RANDONNEUR

50

Für Freunde leichten Gepäcks bietet Descente Überschuhe, die auf ein Minimum reduziert sind: Fußkappe und große Lasche über dem Knöchel. Mit etwas Geschick lassen sie sich sogar während der Fahrt anziehen.

Wärmemanagement — 1

Wem schon beim Losfahren mollig warm ist, der hat mit Sicherheit zu viel an. Achten Sie besonders im Winter und bei Wind darauf, dass Sie nicht von Beginn an schwitzen.

Wärmemanagement — 2

Pausieren Sie im Winter, oder ziehen Sie Kleidung aus, damit Sie nicht ins Schwitzen geraten. Die ausgezogene Kleidung unbedingt sofort luftig aufhängen.

Wärmeschutz — Schulterpolster zu Windschützern

5

Alte Schulterpolster aus Damenblusen und -pullovern sind perfekte »Wärme-Pads« für Knie und Co.

5 Min. ★

Wetterschutz — Preiswert

Als Helmüberzug, Sattelüberzug und wasserfeste Socken lassen sich Einweg-Duschhauben aus dem Hotel rekrutieren. Kalte und nasse Hände werden durch Einweg-Handschuhe von der Tankstelle kuriert. Eine Plastiktüte zwischen Knien und langer Hose bricht den Wind, ebenso wie auf der Brust oder im Schritt. Ein Müllsack mutiert mit einigen gezielten Rissen zur Regenjacke.

★

Winter-Überschuhe — Improvisiert

5

Luftkissen- oder Luftpolsterfolie eignet sich ideal, um improvisierte Überschuhe zu basteln! Angezogenen Schuh einwickeln, mit Tesa sichern und bei Klickpedalen Löcher für die Platten hineinschneiden. Nach Gebrauch notwendige Löcher fürs Ausziehen schneiden, um sie erneut verwenden zu können

10 Min. ★ **Standard**

Wintertouren — Oben braucht´s am meisten

Über 30 Prozent der Körperwärme werden über Schultern oder Kopf abgegeben – deshalb darf man den Kopf nicht vergessen. Wärme und Windschutz bieten Kappen oder Helmüberzüge.

Fotografie

Allgemein: Kamera — Nicht vergessen

250+

Kaufen Sie sich eine kleine Kamera, und wenn es ein Einwegmodell ist. Die kostet nicht viel, wiegt wenig und stört in keiner (Trikot-)Tasche. Es wird der Tag kommen, an dem Sie sich an die Gipfel beim Marathon und die unzähligen Hügel der Trainingsfahrten erinnern möchten. Dann sind die Bilder kaum mit Gold aufzuwiegen. Auch kann eine Kamera bei Unfällen oder anderen »Unwegsamkeiten« hilfreich sein.

15 Min. ★

Batterien — Zuhause bevorraten

15

Wer ohne Ersatzbatterie auf Tour geht, der hat es verdient, wenn die Kameraelektronik »schläft«....Kaufen Sie die Batterie zu Hause, dort ist sie preiswerter als im Tourismuszentrum!

5 Min. ★

Bessere Bilder — Aus dem Jet

Säubern Sie die Fensterscheibe und schalten Sie Autofokus und Blitz aus und auf »unendlich«. Sichern Sie sich eine kurze Verschlusszeit und versuchen Sie, Blende 4 oder 5,6 zu »erwischen«. Möglichst nahe an die Scheibe gehen, aber nicht berühren. Stützen Sie sich auf der Sitzlehne ab und halten Sie die Luft beim Abdrücken an.

★

Bessere Bilder — Die Perspektive zählt

Alles eine Frage der Perspektive: Fotografieren Sie nicht die Sehenswürdigkeit, sondern stellen Sie sich hinter die Busladung Japaner und drücken ab, wenn nur noch die Turmspitze in Pisa zu sehen ist... Geben Sie sich nicht mit dem vordergründig besten Motiv zufrieden. Gute Bilder leben von der interessanten Perspektive.

5 Min. ★★

Bessere Bilder — Licht bestimmt die Stimmung

Licht ist nicht gleich Licht: Greifen Sie am frühen Morgen und in den späten Stunden des Tages zur Kamera. Dann ist das Licht wärmer, weicher und gefühlsintensiver: Die Bilder bekommen Stimmung. Wer in der prallen Mittagssonne fotografiert, der hat hartes Licht – und die Models bekommen starke Schatten unter den Augen.

5 Min. ★

Bessere Bilder — Licht und Schatten

Licht und Schatten im Wechsel erzeugen Dramatik. Suchen Sie wellige Landschaften, Kanten und Häuserschluchten, dann ist Schatten gewiss.

5 Min. ★★

Filme lagern — *In der Wüste*

WELTEN-BUMMLER

Filme in der Wüste vor Hitze und Kälte schützen, im Schlafsack lagern!

5 Min. ★

Filmmaterial: Dia — *Was ist dran?*

Dia-Filme: Sind sehr preiswert, wenn man sich mit den Dias begnügt. Will man Abzüge, so ist der einzelne Abzug teuer. Nur Dia-Filme zeigen, was die Kamera hergibt. Unter Profis sind sie noch immer die erste Wahl. In Sachen Belichtung verlangen sie aber viel Erfahrung und gute Elektronik in der Kamera. Dia-Filme sind gegenüber Papier empfindlicher in Sachen Belichtungsschwankungen.

Filmmaterial: Papier — *Preisbremse*

30

Papier hat zwei Vorteile: Papier-Filme sind preiswert und sie verzeihen größere Belichtungsschwankungen. Nachteil: Durch die Massenabfertigung im Großlabor leidet die Qualität. Deshalb bei besonders wichtigen Filmen: Im Fachlabor entwickeln und im Supermarkt Abzüge machen. So ist die Qualität der Negative gesichert und die Kosten explodieren nicht.

Fotos sicher nach Hause bringen — *Neue Technik altes Risiko*

WELTEN-BUMMLER

Um den Schutz für Passagiere zu erhöhen, haben viele Flughäfen auf Computertomographie umgestellt. Jetzt sind Ihre Filme auch im Handgepäck wieder in Gefahr...

Fotos sicher nach Hause bringen — *Risiko firmenspezifisch*

WELTEN-BUMMLER

Maschinen der Firma Heimann Systems sind in der Regel sicher. Gefährlich hingegen die Hersteller »In Vision Technologies« und »L3« (Examiner 3DX-6000).

Fotos sicher nach Hause bringen — *Sicher, aber teuer*

WELTEN-BUMMLER

200

Es gibt Kuriere, die eine röntgenfreie Lieferung garantieren. Das kostet aber ....

Fotos sicher nach Hause bringen — *Vor Ort statt daheim*

WELTEN-BUMMLER

Wer die Filme vor Ort entwickeln lässt, der hat im Flieger keine Probleme.

Fotos sicher nach Hause bringen — *Auf Qualität achten*

WELTEN-BUMMLER

Allerdings ist die Frage: Wie findet man vor Ort ein gutes Labor? Am besten fragen Sie Profis vor Ort. Zum Beispiel Fotoreporter von Zeitungen. Die wissen, wo man Qualität bekommt.

WELTEN-BUMMLER

Fotos sicher nach Hause bringen — *Entwickeltes getrennt lagern*

Haben Sie die Filme vor Ort entwickeln lassen, dann lagern Sie Negative und Abzüge in verschiedenen Packtaschen. Sicher ist sicher!

5 Min. ★

Objektive — *Die Qual der Wahl*

bis 5000

Objektive haben vier wichtige Aspekte: Lichtstärke, Gewicht, optische Qualität und Preis. Je besser die fotografischen Eigenschaften des Objektivs, desto kostspieliger und schwerer ist das Objektiv. Das gilt für Festbrennweiten und für Zooms. Beschränken Sie sich deshalb auf Weniges, das Sie dann in guter Qualität kaufen. Lieber nur ein 17er, ein 50er und ein 135er mitnehmen, als eine Sammlung schlechter Zooms.

Welche Kamera — *Digitalkamera 1*

bis 2000

Poster im Wohnungsflur mit den schönsten Urlaubsmotiven können Sie mit einer digitalen Kamera vergessen, denn nur professionelle Digitalkameras sind ausreichend »sensibel«, um Abzüge größer als 10x15 in ansehnlicher Qualität zu liefern.

Welche Kamera — *Digitalkamera 2*

bis 2000

Digitale Fotografie im Urlaub ist teuer oder nur für Kurztrips geeignet, denn entweder haben Sie ausreichend Speichermedien dabei (teuer) oder Sie müssen Ihre »Knipswut« stark zügeln.

Welche Kamera — *Digitalkamera 3*

bis 2000

Speicherchips sind auf Touren in extremen Regionen (Wüste, Dschungel) keinesfalls sicherer als klassische Filme.

Welche Kamera — *Digitalkamera 4*

Eine Digitalkamera ermöglicht es, Freunden bereits vom Urlaubsort aus erste Bilder zu senden: einfach auf einen Computer überspielen und als Anhang an eine E-Mail verschicken.

15 Min. ★★

Welche Kamera — *Einfachheit gewinnt*

bis 2000

Weniger ist mehr I: Was an der Kamera nicht dran ist, kann auch nicht kaputtgehen… Lieber eine hochwertige Sucherkamera mit robuster Mechanik und Festbrennweite als eine windige Zoom-Kamera.

Welche Kamera — *Ihre Kompetenz entscheidet*

bis 2000

Weniger ist mehr II: Nehmen Sie nur eine Kamera mit, die Sie auch vollends beherrschen. Schwere Technik herumzutragen, die man nicht bedienen kann, ist Energieverschwendung.

Gepäcktransport

Allgemein — System schaffen

Schaffen Sie sich ein System, beispielsweise: In der vorderen linken Packtasche befindet sich die Küche, vorne rechts die Werkstatt (Fahrradwerkzeug und alle Ersatzteile), hinten rechts das Schlafzimmer (Zelt, Isomatte und Schlafsack) und hinten links der Kleiderschrank. Das Büro ist die Lenkertasche und die »Rumpelkammer« mit nasser Wäsche usw. ist eine Packrolle quer auf dem hinteren Träger.

20 Min. ★

Anhänger — Anschaffung

Wer mit seinem Hänger möglichst selten einen »Boxenstopp« einlegen möchte, der sollte Kunststofflaufräder wählen. Diese müssen nicht nachzentriert werden, lassen sich einfach putzen und rosten nicht. Ihr Nachteil ist das höhere Gewicht.

Anhänger — Bremsen anpassen

Weil Ihr Gesamtgewicht durch den Hänger stark zunimmt, sollten Sie um Ihrer Sicherheit willen und der Ihrer Ladung (Kinder?!) auf möglichst wirkungsvolle Bremsen achten. Hydraulische (Scheiben-)Bremsen sind optimal in jeder Fahrsituation und bei jeder Witterung. 500

2 Stunden ★★★ **Profi-Werkstatt**

Anhänger — In der Praxis 1

Gleichmäßige Beladung stellt sicher, dass der Hänger die optimale Straßenlage hat und nicht frühzeitig zum Kippen neigt. Wenn nur ein Kind im Hänger sitzt, immer in der Mitte positionieren.

5 Min. ★

Anhänger — In der Praxis 2

Kurze Bodenwellen, Kurven und Kanten sollten stets Anlass zum Reduzieren der Fahrgeschwindigkeit sein.

★

Anhänger — **In der Praxis 3**

Man wendet am besten stets links herum, denn rechts herum kollidiert man mit der Deichsel... der Wendekreis erhöht sich stark.

★

Anhänger — **In der Praxis 4**

Achten Sie auf den Abstand von Begrenzungspfosten, Durchfahrtssperren und Radwege-Pollern. Meist beträgt er 100 cm, viele Hänger sind breiter...

★

Anhänger — **In der Praxis 5**

40 Vergessen Sie eine ergänzende Beleuchtung nicht, die ist ab einer Breite des Hängers von 80 cm vorgeschrieben und erhöht die Sicherheit beträchtlich.

20 Min. ★ **Bike-Pack**

Anhänger — **In der Praxis 6**

Wer einen einspurigen (also einrädrigen) Hänger fährt, der muss auf eine Hinterradfederung verzichten. Kein Fahrradhersteller gibt seine voll gefederten Fahrräder für Einspur-Hänger frei.

5 Min. ★

Anhänger — **In der Praxis mit Kindern 1**

Im Verkehr muss es manchmal schnell gehen, üben Sie deshalb das Ein- und Aussteigen mit Ihren Kindern.

1 Stunde ★

Anhänger — **In der Praxis mit Kindern 2**

Ähnlich wie beim Auto sollten Sie auch den Fußraum Ihres Anhängers durch ein Stück alten Teppichs schützen!

5 Min. ★ **Standard**

Anhänger — **In der Praxis mit Kindern 3**

Eine Anhängerfederung kann erst ab einer Zuladung von etwa 20 Kilo effektiv arbeiten. Bis dahin ist es sehr hilfreich, den Reifendruck bei etwa 1,5 bar zu belassen. Das bringt Komfort.

5 Min. ★ **Bike-Pack**

Anhänger — **In der Praxis mit Kindern 4**

25 Ein Zweibein-Ständer sorgt dafür, dass Ihr Rad sicher steht, wenn Sie Ihre Kinder aus dem Hänger nehmen

5 Min. ★ **Bike-Pack**

Anhänger — **In der Praxis mit Kindern 5**

Bedenken Sie, nur Sie bewegen sich und sind um die Kühlung durch den Fahrtwind froh. Ihr Sprössling ist nicht aktiv und kühlt entsprechend schnell aus! Ziehen Sie ihn entsprechend an. Und prüfen Sie die Temperaturbedingungen während der Fahrt öfters.

5 Min. ★

Anhänger — **Kindertransport ab wann?**

Die ersten Touren mit Kind und Fahrrad können Sie zeitgleich mit den ersten Autofahrten beginnen. Einfach den Maxi-Cosi aus dem Auto fest und mittig im Fahrradanhänger fixieren und los geht es!

5 Min. ★ **Bike-Pack**

Anhänger — Übersetzungen anpassen

Stauraum eines Anhängers verleitet dazu, besonders viel Gepäck mitzunehmen, das schlägt sich beim Gesamtgewicht nieder. Auf diese Extra-Kilos müssen Sie Ihre Schaltung abstimmen: Bergauf geht's (noch) langsamer und bergab gibt es eine besondere Sause – Sie brauchen extremere Übersetzungen. 300

●○○○○○○ **2 Stunden** ★★★ **Profi-Werkstatt**

Anhänger — Zugmaschine »checken«

Zweirädrige Hänger sind für die meisten voll gefederten Fahrräder prinzipiell geeignet. Allerdings decken die Belastungen durch den Hänger etwaige Schwächen (in Funktion und Stabilität) des Rades umgehend auf. Hänger sollten deshalb nur an hochwertigsten voll gefederten Rädern genutzt werden. Halten Sie Rücksprache mit den Herstellern.

●○○○○○○ **5 Min.** ★

Doppelter Schutz — Flug & Zelt

Auf der Anreise schützt das »Tarp & Travel« die Radtaschen und auf der eigentlichen Reise dient es als Zeltunterlage. Von Vaude! 50

●○○○○○○

Druckknöpfe defekt — Kleben

Zerfällt ein Druckknopf an Ihrer Kleidung oder an den Radtaschen, so gibt es unterwegs nur einen Weg: mittels Zwei-Komponenten-Kleber alle Teile miteinander verbinden. 15

○○○○●○○ **5 Min.** ★★

Fahrsicherheit — beginnt beim Rahmen

Machen wir uns nichts vor: Der steifste Träger bringt am weichen Rahmen wenig. Herzstück für solide Fahreigenschaften sind Rahmen und Gabel! 120

●○○○○○○

Federgabel und Lowrider — 1

An nahezu jeder Federgabel lässt sich der »Oldmen Mountain« Lowrider montieren. Er wird am Schnellspanner und den Canti-Bremssockeln befestigt. Nachteil ist, dass das Gepäck nicht mitgefedert ist, sondern die ungefederte Masse erhöht.

●○○○○○○

Federgabel und Lowrider — 2

Wer vor dem Kauf einer Federgabel bereits weiß, dass er später einen Lowrider montieren wird, dem sei die LSM Parallel-Gabel vom Fahrradhersteller Stolz aus Zürich empfohlen. Sie macht den Lowrider zum Bestandteil der ungefederten Masse. 300

●○○○○○○

Federgabel und Lowrider — 3

Gepäckträgerprofi tubus und Fahrradhersteller riese und müller bieten zudem Lowrider für Federgabeln an. Das Gepäck ist mitgefedert, aber nicht jede Gabel hat eine Freigabe. 100

●○○○○○○

Gepäck und Licht — *Die besten Plätze*

15

Wer an seinem Rad dauerhaft einen Lowrider fährt, der sollte die Frontleuchte am vorderen Lowriderbügel befestigen. So werden Kollisionen von Lenkertasche und Licht verhindert!

15 Min. ★★ ***Bike-Pack***

RANDONNEUR

Gepäcktasche — *Kennzeichnen*

20

Gibt es bei einem Marathon einen organisierten Gepäcktransport, dann sollten Sie Ihre Tasche markieren (mit einer bunten Kordel oder einem Streifen Isoband). Bei Massenveranstaltungen ist die Chance groß, dass jemand die gleiche Tasche gekauft hat.

4 Min. ★

Gepäckträger — *Achtung*

Wichtig für die Steifigkeit des Trägers ist die Verbindung von Rad/Rahmen und Träger. Breite, voluminöse Verbindungen mit großen Kontaktflächen sind Garanten für hohe Steifigkeit.

Gepäckträger — *Materialfrage*

CroMo Stahl ist leicht, stabil und reparierbar (löten und schweißen). Das macht CroMo-Träger zur ersten Wahl für Weltenbummler, diese können auch den recht hohen Preis verschmerzen. Bei herkömmlichen Anwendungen liegt Aluminium gut im Rennen: Die Träger sind nicht viel schwerer, deutlich preiswerter und dennoch belastbar.

5 Min. ★

Gepäckträger — *Schützen*

10

Schützen Sie moderne dünnwandige Gepäckträger: Aufgeschnittener Gummischlauch (aus dem Baumarkt) schützt den Träger an den Kontaktstellen zu den eingehängten Taschen. Sichern Sie die Schlauchstücke mit Kabelbindern.

20 Min. ★ ***Standard***

Lenkertasche — *Fest montieren*

10

Unterlegscheiben hindern die Schrauben der Lenkerschelle der Ortlieb-Lenkertasche vor dem Durchdringen des Kunststoffes. So lässt sich die Halterung auch mehrfach fest montieren.

10 Min. ★ ***Bike-pack***

Packtaschen — *Exoten für Spezialisten*

400

Ihnen bieten Ortlieb & Co. zu wenig Fächer? Suchen Sie nach Packtaschen mit spezieller Taschenaufteilung, dann ist der kanadischer Hersteller Arkel der richtige für Sie. Nicht billig, aber exquisit (Tel. Kanada/514 668 33 49)!

Packtaschen — *Packen, aber wie?*

Alle Packtaschen sollten paarweise möglichst identisches Gewicht haben, wobei die schweren nach hinten und die leichteren nach vorne kommen. Zuerst eine dünne und weiche Lage Kleidung auf den Boden der Taschen legen, so vereitelt man die Gefahr, dass spitze Gegenstände den Boden durchwetzen. Nun die schweren Teile möglichst tief und eng an der Rückwand der Packtaschen verstauen. Eckige und scharfkantige Gegenstände nicht nahe der Außenwände anordnen. Nun jeder Tasche ein

Thema zuordnen (Quartier, Küche, Kleidung, usw.) und dementsprechend anfüllen. Verschiedenfarbige Säcke oder Tüten sorgen für Ordnung und bieten zusätzlichen Witterungsschutz. Wertsachen verschwinden entweder in einer Gürteltasche, die in der Lenkertasche liegt oder werden tief in den großen Taschen versteckt. Dinge des täglichen Gebrauchs finden sich zuoberst in den Packtaschen.

45 Min. ★ ***Standard***

Packtaschen — Richtig verteilen

Die Fachleute streiten sich, ob die Hauptlast an den Lowrider oder den hinteren Träger gehört! Vorn gilt, dass das Gewicht auf die Höhe der Nabe gehört, hinten so weit herunter, wie es geht. Es ist sinnvoll, die leichten und voluminösen Dinge oben, die schweren nahe am Rahmen und tief zu verstauen und den Rest drum herum zu verpacken, während die Dinge des täglichen Gebrauchs in der Lenker-, Sattel- und Rahmentasche verschwinden.

10 Min. ★

Packtaschen — Schulranzen recyceln

25

Es muss nicht immer Ortlieb sein. Verlässt ihr Kind oder Enkel die Grundschule, wechselt es heute meist nicht nur die Schule, sondern auch den Schulranzen gegen einen – modischen – Rucksack. Der alte Schulranzen kann mittels Ersatzhaken von Ortlieb oder Carradice in wenigen Arbeitsschritten zu einer Radtasche umfunktioniert werden.

30 Min. ★★ ***Heim-Werkstatt***

Packtaschen — Waschen

250

Ortlieb-Taschen und andere »Planen«-Taschen« kann man bei geringer Temperatur in der Waschmaschine waschen. Das beseitigt Flecken und Gestank!

20 Min. ★ ***Bike-Pack***

Packtaschen — Welche

250

Sparen Sie sich das Geld für spezielle vordere Packtaschen! Kaufen Sie für vorne und hinten große Taschen, so haben Sie mehr Volumen zur Verfügung und können damit auch zwei Räder mit hinteren Taschen bestücken.

20 Min. ★ ***Bike-Pack***

Platz für Nasses halten — *Schaden minimieren*

Packen Sie so, dass sich stets eine »Packtasche der nassen Sachen« einrichten lässt. Z.B. Zelt, Isomatten und dreckige Kleidung in eine Tasche, da hier »Nasses« den geringsten Schaden anrichtet.

15 Min.

Richtig packen — *Ein Platz fürs Schwere*

Die schwersten Sachen verschwinden am besten im Lowrider genau auf Höhe der Nabe!

15 Min. ★

Rucksack — *»Kondom-Pflicht«*

Wenn das Wetter schlecht wird, dann ist eine Regenhülle am Rucksack zwingend notwendig. Einzig Rucksäcke im Stile von Ortlieb können darauf verzichten. Es gibt Rucksäcke mit integrierter Regenhülle (empfehlenswert) und separate Regenhüllen.

5 Min. ★

Rucksack — *Nah am Rücken*

Bei Rucksäcken darauf achten, dass ein Belüftungssystem den Stauraum nicht zu weit vom Körper »wegdrückt«. Denn dies ist ein Hebelarm, der Unbequemlichkeiten bringt.

Rucksack — *Eigenschaften*

250

Überziehbare Regenhüllen für den Rucksack sind ebenso sinnvoll wie ein Windschutz für den Fahrer. Ein Einlegefach für den Camelbak gehört ebenso zur A-Note wie Reflektoren und Diodenrücklichthalter. Pumpenhalter und Kompressionsriemen sind hilfreich. Wasserdichtigkeit ist eine Tugend, die jedem Rucksack steht!

15 Min. ★

GELÄNDE-TOURER

Rucksack — *Gewichtslimit*

Wenn Sie einen Rucksack auf dem Mountainbike im Gelände tragen möchten, so sind acht Kilogramm das absolute Gewichtslimit.

5 Min. ★

RANDONNEUR

Rucksack — *Konflikt mit Trikot-Taschen vermeiden*

80

Wer sportiv unterwegs ist und seine Trikot-Taschen weiterbenutzen möchte, der muss einen schmalen Rucksack, wie sie für Mountainbike-Marathons entworfen wurden, benutzen.

RANDONNEUR

Rucksack — *Mögliche Kollisionen*

Ein Rucksack auf dem Fahrrad darf nicht zu hoch aufbauen, sonst kollidieren bei sportlicher Haltung Helm und Rucksack. Auf jeden Fall Probefahrt auf eigenem Rad und mit eigenem Helm vornehmen.

5 Min. ★

Rucksack — *Passen oder nicht passen*

Anpassbare Trägersysteme am Rucksack erscheinen auf den ersten Blick sehr sinnvoll. Doch noch besser ist es, einen von vornherein passenden Rucksack auszuwählen. Insofern besser etwas länger suchen. Denn verstellbare Systeme sind teurer, schwerer und haben ein höheres Defektrisiko.

5 Min. ★

Rucksack — **Richtig packen**

Die schweren Brocken müssen direkt am Rücken und möglichst tief im Sack liegen. Kantiges zum Rücken ausrichten oder in Kleidung einwickeln. Was am Rucksackäußeren befestigt wird, baumelt herum und kann schnell verloren gehen. Rucksäcke ohne Hüft- und Brustgurt sowie Kompressionsriemen haben auf Biketouren nichts zu suchen, sonst sind Schmerzen und Geschaukel vorprogrammiert. Bei einer Probefahrt checken, ob der Helm am Rucksack anstößt – gegebenenfalls umpacken!

○○●○○○○ **15 Min.** ★

Rucksack — **Weniger ist mehr!**

Taschen, Schubfächer, Außentaschen und kleine Reißverschlussfächer – mancher Rucksack wird zum Labyrinth. Jedes zusätzliche Fach erhöht das Risiko, bei der Suche ins Falsche zu greifen, ist eine potenzielle Defektquelle und macht den Rucksack schwerer und teurer. Zudem machen Außentaschen den Rucksack sperriger. Deshalb gilt: So wenig Fächer wie möglich, so viel wie nötig. Prüfen Sie kritisch, ob der Rucksack überfrachtet ist.

●○○○○○○ **5 Min.** ★

Satteltasche — **selbst gemacht**

Ein kleiner herkömmlicher Ortliebsack kann auf den Kopf gestellt mit Riemen durchs Sattelgestell befestigt werden, die Sackverschlussschnalle ums Sitzrohr wickeln und verschließen. Fertig ist die Satteltasche.

○●○○○○○ **5 Min.** ★★ **Bike-Pack**

Träger und Federung — **Die Breite macht`s**

Auch die Stützbreite ist wichtig. Vor allem bei mitgefederten Trägern voll gefederter Räder ist es wichtig, dass die Trägeraufnahmen möglichst breit sind. Dies sichert hohe Steifigkeit.

●○○○○○○

Träger und Federung — **Nur mitgefedert taugt!**

Am voll gefederten Fahrrad ist ein mitgefederter Träger – also ein Träger, der am Rahmen und nicht auf der Schwinge montiert wird – Pflicht. Nur ein solcher Träger sichert gutes Ansprechverhalten und optimale Straßenlage des Rades.

●○○○○○○ **5 Min.** ★

Tüten — **schützen und ordnen**

Selbst wenn Ihre Packtaschen wasserdicht sind: Packen Sie alle Dinge in Plastiktüten ein, das sorgt für Ordnung und schützt, falls dennoch Wasser eindringt.

○○●○○○○ **10 Min.** ★

Überblick — **Behalten**

So schön Ortliebtaschen sind, frische und alte Klamotten in derselben Tasche transportiert, kann die Nase bald nicht mehr voneinander unterscheiden... Deshalb eine Tasche für Frisches und eine für altes und sonstige Dinge reservieren, am besten mit farbigem Gewebeband am Griff markieren.

○○●○○○○ **5 Min.** ★

Vorne nur Lowrider! — *Beste Wahl*

Vordergepäckträger müssen die Taschen möglichst nahe der Nabe halten, damit sich das Rad weiterhin gut steuern lässt. So genannte Lowrider sind die beste Wahl. Lassen Sie die Finger von Trägern, die die Last über dem Vorderrad positionieren.

Wunderpacksäcke — *Luft raus schafft Stauraum*

Mit dem »Shoreline Pack-Mate« oder dem »Eagle Creek Pack-it Compressor« bekommen Sie ohne Aufwand alle gespeicherte Luft aus Ihrer Kleidung und gewinnen so viel Platz im Schlafsack.

Kleingedrucktes

Dokumente — *Einpacken!*

Es bedarf eigentlich keiner Erklärung, aber ohne Personalausweis, Impf- und Allergiepass und Versicherungskarte sowie Auslandskrankenversicherung geht man nicht auf Touren, oder? Von allem sollte man eine Kopie erstellen und getrennt von den Originalen aufbewahren. Legen Sie den Unterlagen auch eine Nachricht bei, wer im Falle eines Unfalls benachrichtigt werden soll.

15 Min. ★★

Dokumente — *Immer parat*

Wer seine Dokumente ganz sicher haben möchte, der scannt die Unterlagen ein und speichert sie auf einer weltweit abrufbaren Internet-Seite unsichtbar (weiße Schrift auf weißem Grund) an einer nur ihm bekannten Stelle.

1 Stunde ★★★

Dokumente — *Lagerort*

Verstauen Sie Geld und Dokumente aufgeteilt an mindestens zwei Stellen.

5 Min. ★

Dokumente — *Sicherungskopie*

Schweißen Sie sich Kopien der wichtigsten Dokumente in Folie ein. Diese Folien können Sie einfach senkrecht an der Packtaschenrückwand lagern. Sicher ist sicher!

5 Min. ★

GELÄNDE-TOURER

Landwirtschaftlicher Verkehr — *Nicht mit dem Rad!*

Wer auf Feldwegen unterwegs ist, die nur für landwirtschaftlichen Verkehr freigegeben sind, kann bei Stürzen keinen Schadenersatz von der Gemeinde erwarten.

Reiserücktrittsversicherung — *Wann sie einspringt*

Unfall oder Todesfall, unerwartete schwere Krankheit, Schwangerschaft oder Impfunverträglichkeit, Schäden am Eigentum aufgrund von Naturgewalten oder Einbruch und auch der Verlust des Arbeitsplatzes sind Gründe, die Reiserücktrittsversicherung in Anspruch zu nehmen.

Küche

Koch-Tipp 1

Ein effektiver Windschutz spart viel Brennstoff.

15

Koch-Tipp 2

Jeder Kocher hat seine Tücken, nur wer zu Hause probiert hat, beherrscht das Gerät auf Tour blind.

15 Min. ★

Koch-Tipp 3

Wenn Ihr Kocher keine Zündung hat, sollten Sie stets ein frisches Reservefeuerzeug dabeihaben.

2

Kocher — *Anleitung lesen*

Glück, wer einen Gas- oder Spirituskocher sein Eigen nennt. Hier ist der Servicebedarf sehr gering. Anders bei Benzinkochern, die verlangen mitunter Service nach jedem Gebrauch. Ihr erster Blick sollte der Bedienungsanleitung gelten. Sie sagt alles!

5 Min. ★

Kocher — *Mehr Kraft kaufen*

Wählen Sie Kocher und Treibstoff in Sachen Größe und Leistung eine Stufe höher als unbedingt notwendig. Dann können Sie sicher sein, stets ausreichend Flamme zu haben, um schnell ein köstliches Mahl zu zaubern. Gutes Kochmaterial hebt die Motivation.

Kocher — *Sind Brennstoff und Reiseziel kompatibel?*

Welten-bummler

Bevor Sie mit dem Kocher auf Fernreise gehen, erkundigen Sie sich, ob »Ihr« Brennstoff vor Ort erhältlich ist und wie er in der Landessprache exakt bezeichnet wird.

Kocher — *Trangia wird universal*

Das Trangia-System ist meisterhaft platzsparend. Endlich gibt es auch Einsätze, die den Spirituskocher zum Gas- oder Benzinkocher machen (Gas von Primus oder MSR »Whisperlite«, Benzin von Optimus »Nova«).

Kocher — *Treibstoff-Nachschub sicherstellen*

Wer auf Kartuschen von »Campingaz« setzt, der sollte vor jeder Reise im Internet (www.campingaz.com) prüfen, ob im Reiseland für Nachschub gesorgt ist.

Kocher — Treibstoffwahl

Für Alpinisten steht neben dem Gewicht vor allem die Kälteabhängigkeit im Vordergrund der Entscheidung. Anders der Radler: Bei ihm sind Nachschubversorgung und Stauvolumen die primären Faktoren. Deshalb findet man den Trangia (Spiritus-Kocher) kaum bei Bergsteigern und häufig bei Radlern.

●○○○○○○

Kocher — Zahnbürste = Putzgerät

Eine alte Zahnbürste ist ein idealer Partner bei der Kocherpflege. Wer mit Tankstellenbenzin kocht, der wird nach jedem Gebrauch viel Ruß entfernen müssen. Am besten mit einem Lappen oder mit einer alten Zahnbürste (einfach mit in den Kocherbeutel legen).

○○○○○●○

Kochgeschirr — Materialgewicht

Das optimale Geschirr hängt stark von den Prämissen ab: Alu ist am leichtesten, aber lässt wegen seiner rauen Oberfläche leicht anbrennen. Titan ist fast genauso leicht, lässt aber nicht so schnell anbrennen, dafür ist es »unbezahlbar« teuer. Bleibt Stahl: Sehr gut fürs Kochen, aber »bleischwer«. Als Kompromisse gibt es die leichten Alutöpfe mit Beschichtung (Nachteil: sehr empfindliche Oberfläche) und »Duossal«-Töpfe (innen Stahl, außen Alu). Die sind fast so leicht wie Alu-Töpfe und beim Kochen genauso gut wie Stahl!

●○○○○○○

Kochutensilien — Platzsparend verpacken

Wer mit Kocher unterwegs ist, sollte ein Kochgeschirr wählen, das sich gut ineinander stapeln lässt (z.B. Trangia). Gewürze und andere Kochutensilien so portionieren, dass sie die Zwischenräume füllen.

○○●○○○○ ***15 Min.***

Multiwerkzeuge — Politisch korrekter Durst

Zu dumm, dass die meisten Multitools keinen Korkenzieher zu ihrem Werkzeugangebot zählen. Damit streben sie ein gesünderes Leben an als die meisten ihrer Besitzer. Die verzehren sich nach Wein und leiden. Wohl dem, der einen IKEA-Schrank in der Nähe hat: einfach die dickste Holzschraube (Spax) herausdrehen, in den Korken eindrehen und beides dann mit Bedacht mit der Zange des Multitools herausziehen.

○○○○●○○ ***5 Min.*** ★★ ***Bike-Pack***

Plastik- oder Aluflaschen — Du musst dich entscheiden

15

Aluflaschen sind schwerer, verbeulen und man erkennt weder wie viel noch drin ist, noch ob die Flasche verschmutzt ist. Außerdem kann man nicht drücken und muss stets saugen. Aluflaschen kosten dreimal so viel wie Kunststoffflaschen. Wermutstropfen vieler Plastikflaschen ist der Geschmack. Nach einigen Stunden kann der Inhalt eine »eigene« Note erhalten.

●○○○○○○

Trinkflasche — Klemmt

Wenn der Saugverschluss der Trinkflasche muckt und sich nur schwer öffnen lässt, so helfen ein paar Tropfen Olivenöl. Zu schmecken sind sie kaum, »ölen« aber außerordentlich gut.

○○●○○○○ **1 Min.** ★

Trinkflasche — Preiswerter

Spülmittelfläschchen kosten nur einen Bruchteil (sogar mit Inhalt) und lassen sich lange Zeit ebenso gut und genauso dicht als Trinkflasche am Fahrrad verwenden.

●○○○○○○

Trinkflasche — Schnell und keimfrei säubern

Eine Handvoll ungekochten Reis in der Flasche kräftig geschüttelt beseitigt den Dreck im Trinkbidon. Nachher noch eine Kukident-Tablette zum Nachspülen und die Flasche ist so gut wie neu.

○○○○○●○ **10 Min.** ★ **Standard**

Trinkflasche oder Trinkrucksack — Nachteile Camelbak

Der Camelbak kostet wesentlich mehr als Trinkflaschen. Radfahrer, die keinen verschwitzten Rücken haben möchten, sind mit einem Camelbak schlecht bedient. Die Reinigung des Camelbaks ist etwas kompliziert und verlangt Sorgfalt.

●○○○○○○

Trinkflasche oder Trinkrucksack — Nachteile Trinkflasche

Um die drei Liter eines Trinkrucksacks in Trinkflaschen am Rad unterzubringen, benötigt man Fantasie. Meist sind maximal drei Flaschenhalter am Rahmen vorgesehen. An gefederten Rädern werden kaum drei große Flaschen montiert werden können. Trinkflaschen sind im Handling unpraktischer. Vor allem abseits der Fahrt, etwa bei Besichtigungen: Während der Trinkrucksack einfach auf dem Rücken bleibt, muss man die Flaschen mit den Händen tragen.

●○○○○○○

Trinkflasche oder Trinkrucksack — Vorteile Camelbak

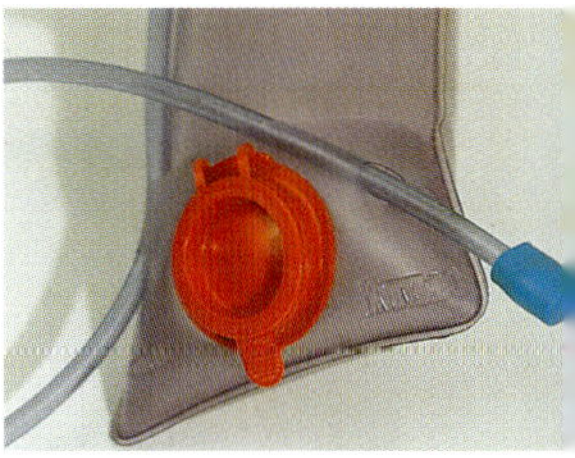

Für den Trinkrucksack (z.B. Camelbak) spricht, dass er viel Wasser aufnimmt. Bis zu drei Litern. Außerdem ist es praktisch, in jeder Fahrsituation trinken zu können. Auch bei Ausflügen macht sich der Trinkrucksack gut. In kniffligen Fahrsituationen ist der Camelbak sicherer als der Griff zur Flasche. Das Mundstück des Camelbaks ist weiter vom Boden und damit von Dreck entfernt. Zudem kann der Platz im Rahmen nun für Gepäck genutzt werden und ist nicht durch Trinkflaschen blockiert.

●○○○○○○

Trinkflasche oder Trinkrucksack — Vorteile Trinkflasche

Trinkflaschen sind leicht, preiswert und nahezu unzerstörbar. Ersatz findet sich überall. Füllen und Reinigen der Flaschen ist unkompliziert. Statt saugen zu müssen, kann man (Kunststoff)-Trinkflaschen auch drücken und das Wasser kommt herausgespritzt.

●○○○○○○

Trinkrucksack — ***Richtig trocknen 1***

Stopfen Sie ein kleines Handtuch in die Trinkblase und blasen Sie diese anschließend auf. Das Handtuch fliegt nun wie ein Pingpong-Ball hin und her und saugt die Feuchtigkeit auf.

5 Min. ★

Trinkrucksack — ***Richtig trocknen 2***

Statt den Camelbak tagelang an der Luft trocknen zu lassen, empfiehlt sich die Schnellversion: Zuerst durch Einfüllstutzen aufblasen und möglichst viel Restgetränk durchs Mundstück abfließen lassen. Nun zwei bis fünf zusammengeknüllte Einweg-Küchentücher von der Rolle in den Camelbak stecken und diesen aufblasen. Nun alle Löcher verschließen und den Camelbak so lange schütteln, bis die Tücher alle Feuchtigkeit aufgenommen haben. Tücher herausnehmen und Schlauch durch den Einfüllstutzen stecken, damit die Wände nicht zusammenkleben.

5 Min. ★

WELTEN-BUMMLER 300

Wasser — ***Nicht nur sauber, sondern rein***

Wasserentkeimungsmittel werden oftmals eingesetzt, weil sie preiswerter als ein Wasserfiltersystem sind. Doch Vorsicht: Nur wenige Mittel töten auch Einzeller (z.B. Gardia in Nordamerika) ab. Im Zweifelsfall vorher erkundigen und Mittel durch Filter ersetzen.

Schlafsack & Co.

Schlafmatte — ***Warum sie wichtig ist!***

Beim Schlafsack geht die Wärme nicht in die Luft, sondern in den Boden: Der Schläfer drückt das Füllmaterial zusammen und kühlt von unten aus. Deshalb sind Isomatten für den Schlaf wichtig.

Schlafmatte — ***Aufblasbare***

Achten Sie immer darauf, dass Ventil und Ventilgewinde frei von Schmutz und Staub sind.

Schlafmatte — ***Aufblasbare brauchen Test***

Bevor Sie auf Tour gehen, sollten Sie die Matte aufblasen und über Nacht – unbelastet – stehen lassen. Das erspart böse Überraschungen.

20

Schlafmatte — ***Aufblasbare nur samt Flickzeug***

Gehen Sie nie ohne Reparaturset auf Tour. So traurig es ist, aber Löcher sind nicht so selten...

25

Schlafmatte — ***Aufblasbare nur samt Packsack***

Die aufblasbare Matte gehört auf dem Fahrrad mit einem wasserdichten Sack vor der Witterung geschützt.

Schlafmatte — *Aufblasen bei Kälte*
Bei Mundbeatmung »beschlägt« die Matte innen oder gefriert gar. »Fangen« Sie mit einer Plastiktüte Luft, legen Sie die Tüte um das Ventil und drücken Sie die Luft in die Matte.

15 Min. ★

Schlafmatte — *Selbst aufblasende Matten – Flicken 1*
»Selbstaufblasenden« Matten kann die Luft ausgehen: Unterwegs ist »Seam Grip« ideal zum Flicken von Löchern, auch Therma-Rest bietet Flickenkits an. 20

Schlafmatte — *Selbst aufblasende Matten – Flicken 2*
Die Schwierigkeit besteht darin, das Loch zu finden. Hier helfen »Lochdetektoren«, das sind kleine mit leichten Styroporkügelchen gefüllte Dosen mit Gitterboden. 10

Schlafmatte — *Selbst aufblasende Matten – Lagern*
Lagern Sie die Matten entrollt und mit offenem Ventil, das schont den Schaum und verhindert den Einschluss von Feuchtigkeit.

Schlafmatte — *Selbst aufblasende Matten – Rutschen*
Anti-Rutsch-Spray hilft beim Rutschen der Matten wenig. Besser sind Seam-Grip-Aufkleber. 15

15 Min. ★

Schlafmatte — *Das Märchen vom selbst Aufblasen*
Leider sind die Matten gar nicht selbstaufblasend, jedenfalls nicht komplett. Nacharbeiten ist stets notwendig..

Schlafmatte — *Koalitionsprüfung*
Legen Sie sich mit Ihrem Schlafsack zur Probe auf die Matte. Sack und Matte dürfen satte Haftung haben und sollen nicht aalglatt übereinander gleiten. Ist dies der Fall, dann wachen Sie öfters neben Ihrer Matte auf...

Schlafmatte — *Lagerung*
Nass oder feucht sollten Sie die Matte niemals verstauen. Nach Gebrauch die Matte auslüften lassen.

Schlafmatte — *Richtige Dicke*
Wer auf der Seite schläft, der muss im Laden Probe liegen und kontrollieren, ob die Matte im Gesäßbereich auch unter Belastungen ausreichend dick (und damit warm) bleibt.

Schlafmatte — ***Richtige Länge***

Die Schlafmatte muss mindestens 5 cm länger sein als Ihre Körpergröße beträgt. Bei »Bauchschläfern« empfehlen sich 10 cm.

●○○○○○○

Schlafsack — ***Daune und Federn***

Hersteller, die einen hohen Federanteil im Sack mit der Stützfunktion der Federn rechtfertigen, haben Unrecht. Gute, wirklich gute Daune ist extrem bauschkräftig. Zugute halten muss man dem höheren Federanteil Druck- und Feuchtigkeitsunempfindlichkeit.

●○○○○○○

Schlafsack — ***Daune, warum?***

Daune ist in Sachen Packmaß, Haltbarkeit und Schlafkomfort nach wie vor Spitze. Daune transportiert die vom Körper abgegebene Feuchtigkeit nach außen. Das vermag Kunstfaser (bisher) nicht. Kehrseite der Daune ist die Feuchtigkeitsanfälligkeit. Ist der Schlafsack nass oder klamm, sind Schlafkomfort und Isolation dahin.

●○○○○○○

Schlafsack — ***Daunen-Qualität objektiv***

Das Bauschvermögen wird in Kubik-Inch (cuin) angegeben. »700 cuin« bedeutet, dass eine Unze (28,35 Gramm) Daune mindestens 700 Kubik-Inch speichert (entspricht über 3 Liter Luftvolumen bei kaum 10 Gramm Gewicht). Mit den Angaben schummeln einige Hersteller. Messungen gleichen Standards führen lediglich die vom IDFB (internationales Daunen- und Federbüro) anerkannten Institute durch. Nur deren Werte lassen sich vergleichen.

●○○○○○○ ★

Schlafsack — ***Daunen-Qualität 1***

Gute Daune »wächst« nur in bestimmten (kalten) Regionen (China, Sibirien, Kanada, USA, Osteuropa, Pyrenäen usw.). Zuverlässige Indikatoren für Qualität sind die »Fillpower-« (Füllkraft) oder »Loft-Angaben« (Bauschvermögen).

●○○○○○○

Schlafsack — ***Daunen-Qualität 2***

Geachtet werden muss auch auf das Mischungsverhältnis von Daunen und Federn. Steht auf dem Etikett »80/20«, bedeutet dies, dass bei 100 Gramm Füllung mindestens 80 Gramm auf Daune entfallen. Logisch, je mehr Daune, desto besser und kostspieliger. Wobei »95/5« den zur Zeit möglichen Höchstwert darstellt.

●○○○○○○

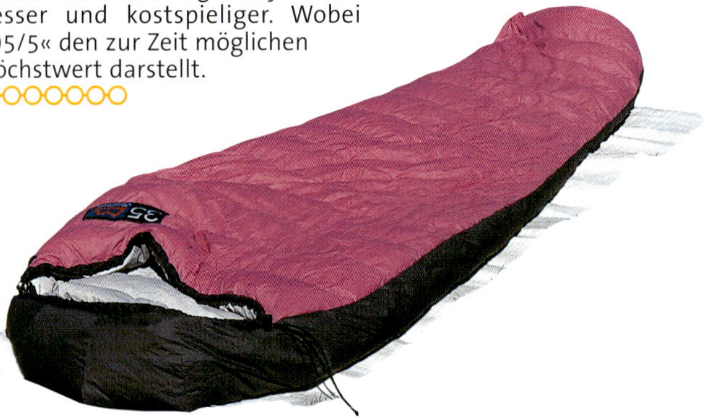

Schlafsack **Daunenmodelle waschen**

Je dicker die Daunenfüllung ist, desto ratsamer ist es, den Schlafsack von Hand in der Badewanne zu waschen.

○○○○○●○ **5 Min.** ★

Schlafsack **Daunenmodelle waschen 1**

Füllen Sie die Badewanne mit lauwarmem Wasser, geben Sie Daunenwaschmittel hinzu und versenken Sie den Schafsack mit geschlossenem Reißverschluss und im Packbeutel verstaut.

○○○○○●○ **15 Min.** ★

Schlafsack **Daunenmodelle waschen 2**

Ziehen Sie den Schlafsack nun unter Wasser Stück für Stück aus dem Beutel. Sorgen Sie durch Kneten dafür, dass das Waschwasser vom Schlafsack aufgenommen wird.

○○○○○●○ **5 Min.** ★

Schlafsack **Daunenmodelle waschen 3**

Haben Sie den kompletten Schlafsack ausgepackt und mit Wasser durchknetet, dann lassen Sie das Wasser ab und rollen Sie den Sack vom Fußteil zur Öffnung fest ein, sodass er das Wasser wieder preisgibt.

○○○○○●○ **5 Min.** ★

Schlafsack **Daunenmodelle waschen 4**

Lagern Sie den ausgedrückten Schlafsack in einem Wäschekorb zwischen und füllen Sie die Wanne erneut mit klarem Wasser (ohne Daunenmittel). Nun den Sack spülen. Führen Sie zwei bis vier Spülgänge je nach Füllmenge durch.

○○○○○●○ **15 Min.** ★

Schlafsack **Daunenmodelle waschen 5**

Nun den gut und gerne 15 Kilogramm schweren Sack über einen Wäschetrockner legen. Achten Sie auf den Untergrund, der Sack lässt nun mächtig Wasser. Am besten den Wäschetrockner über der Badewanne installieren.

○○○○○●○ **10 Min.** ★

Schlafsack **Daunenmodelle waschen 6**

Jetzt beginnt die Fleißarbeit. In jeder Kammer bildet sich ein Daunenklumpen, diese müssen alle 30-40 (!) Minuten ausgedrückt werden.

○○○○○●○ **1 Stunde x** ★

Schlafsack **Daunenmodelle waschen 7**

Nach etwa zwölf Stunden können Sie durch leichtes Hämmern mit der Hand die Klumpen auflockern. Das sollten Sie im Anschluss drei bis vier Mal täglich tun.

○○○○○●○ **15 Min.** ★

Schlafsack **Daunenmodelle waschen 8**

Es vergehen etwa zwei Tage und Sie können den nahezu trockenen Schlafsack aufschütteln.

○○○○○●○ **10 Min.** ★

Schlafsack — *Daunenmodelle waschen 9*

Jetzt ist der Zeitpunkt, an dem Ihnen ein Trockner den Endspurt abnehmen kann. Bei niedrigster Temperatur in einen möglichst großen Trockner legen.

○○○○○●○ **10 Min.** ★

Schlafsack — *Daunenqualität – Schnelltest*

Daunenschlafsäcke, die schlaff und platt im Laden hängen, sind von schlechter Qualität. Einzige Ausrede: Der Sack wurde gerade erst ausgepackt. Dann wartet man eine halbe Stunde, bleibt der Sack schlaff, Finger weg!

●○○○○○○

Schlafsack — *Ente oder Gans, jung oder alt?*

Ente oder Gans, jung oder alt? Über alle Aspekte hinweg betrachtet sind die Daunen der ausgewachsenen Gans am besten.

●○○○○○○

Schlafsack — *Komfort nur bei Sauberkeit*

45

Ist der Daunenschlafsack dreckig (durchgeschwitzt), verliert er einen Großteil seiner Wärmeleistung. Wer es kuschelig warm haben will, der sollte also vor der Tour seinen Sack nochmals reinigen (lassen), auch wenn »alte Hasen« darauf schwören, dass mit jedem Waschgang 5 Prozent Isolationsleistung verloren gehen!

●○○○○○○ **15 Min.** ★

Schlafsack — *Kunstfasermodelle reinigen: waschen*

Kunstfaserschlafsäcke sind draußen nicht so empfindlich in Sachen Witterung und auch bei der Pflege sind sie härter im Nehmen: Schonwaschgang, 30 Grad und Wollwaschmittel oder Daunenseife. Den Rest erledigt die Maschine.

○○○○○●○ **10 Min.** ★

Schlafsack — *Kunstfasermodelle reinigen: trocknen*

Anschließend auf dem Wäschetrockner abtropfen und trocknen lassen und zum Endspurt bei niedriger Temperatur in den Trockner geben.

○○○○○●○ **10 Min.** ★

Schlafsack — *Qualitätsmerkmale*

Ein guter Schlafsack hat einen Wärmekragen, eine Wärmeabdichtung über allen Reißverschlüssen und ist mit einer Kapuze ausgestattet, die eine Wärmeleiste zum Schutz der Wangen hat. Wer's perfekt mag, der besteht auf die stabile aber teure »Versteckte-Naht-Technik«.

●○○○○○○ **10 Min.** ★

Schlafsack — *Reine Formsache*

Wer mit der Mumienform nicht zurecht kommt, weil er in der Nacht gern »mobil« ist, dem bieten sich weiter geschnittene Modelle oder Säcke in Ei-Form.

●○○○○○○ **15 Min.** ★

Schlafsack — Richtig lagern

Nehmen Sie sich Platz für Ihren Schlafsack. Er dankt es Ihnen mit Komfort und Lebensdauer. Am besten geöffnet in einem Bettdeckenbezug lagern.

Schlafsack — Wärmelöcher ausschließen

Wenn es warm bleiben soll, dann muss die Füllung fixiert sein. Dafür gibt es verschiedene Verfahren. Am einfachsten ist die Steppnaht, sie hat allerdings »Wärmelöcher« an den Nähten. Besser ist die Kammerverarbeitung, hier sorgen Stege für die Verbindung zwischen Innen- und Außenhülle.

5 Min. ★

Schlafsack — Was ein Komfortwunder auszeichnet

Achten Sie auf den Schnitt: Je enger der Sack anliegt, desto schneller wird einem warm und desto wärmer hält der Schlafsack, schließlich muss weniger Luft erwärmt werden. Es gilt also: So eng wie möglich, so komfortabel wie nötig.

Zelt

Zelt richtig pflegen – unterwegs 1

Befreien Sie das Zelt von grobem Dreck. Einfach abschütteln oder mit der bloßen Hand abwischen.

5 Min. ★★

Zelt richtig pflegen – unterwegs 2

Stecken Sie die Zeltstangen stets mit Bedacht zusammen. Kontrollieren Sie den festen Sitz jeder Verbindung. Das verhindert Schnitte und Risse im Zeltgewebe und Brüche des Gestänges.

5 Min. ★

Zelt richtig pflegen – unterwegs 3

Die Reißverschlüsse können Sie von Zeit zu Zeit mit Silikonspray behandeln.

○○○○○●○ **5 Min.** ★

Zelt richtig pflegen – unterwegs 4

Den besten Dienst erweisen Sie Ihrem Zelt durch sorgfältiges Aufbauen: Achten Sie vor allem auf den Boden: Er sollte sauber, eben und frei von spitzen Gegenständen wie Steinen, Dornen und Ästen sein.

○○●○○○○ **10 Min.** ★

Zelt richtig pflegen – unterwegs 5

Es mag merkwürdig klingen, aber auch das Zeltmaterial mag dauerhafte Sonneneinstrahlung nicht. Setzen Sie das Zelt nicht über lange Zeit unnötig der Sonne aus.

○○○●○○○ ★

Zelt richtig pflegen — Zu Hause

Lagern Sie das Zelt trocken und luftig, so verhindern Sie Schimmel und Fleckenbildung.

○○○○○●○ ★

Zeltöse — ausgerissen

Verschmelzen Sie mit einem Feuerzeug das ausgefranste Ösenloch. Drücken Sie die alte oder eine neue Öse hinein. Nun die Teile mit Gaffa-Tape umwickeln; mittels Schraubendreher o.Ä. ein Loch durchstoßen und mit dem Gestänge die Öse fest zusammendrücken.

○○○○●○○ **10 Min.** ★★

Zeltstange — gebrochen

Hier macht sich Prophylaxe gut: Vor der Tour das gesamte Gestänge auf potenzielle Bruchstellen untersuchen! Zudem sollte man mindestens eine Hülse (ihr Innendurchmesser sollte dem Außendurchmesser des Gestänges entsprechen) oder gar ein Gestängesegment als Ersatz mitnehmen.

○○○○●○○ **10 Min.** ★ ***Bike-Pack***

Zeltstange gebrochen — Folgeschaden 1

Als Folgeschaden reißt meist auch das Gewebe des Gestängekanals am Zelt. Zelte lassen sich nur reparieren, wenn sie absolut trocken sind! Dann einfach mit Gaffa verkleben und fest zusammendrücken.

○○○○●○○ **10 Min.** ★★ ***Bike-Pack***

Zeltstange gebrochen — Folgeschaden 2

Schwieriger wird es bei mit Silikon beschichteten Zelten, hier findet Gaffa keinen Halt. Schneiden Sie sich einen Flicken (evtl. aus dem Zeltsack, die haben oft das gleiche Material) und kleben Sie ihn mit »Seal-Net« fest. Wiederholen Sie dies auch auf der Außenseite.

○○○○●○○ **15 Min.** ★★ ***Bike-Pack***

Zusätzliche Ausrüstung

Handy — Lebensretter

100

Im Forst oder auf einsamen Gipfeln kann das Statussymbol zum Lebensretter werden. Auch ohne Karte lassen sich Notrufe tätigen. Also ein gebrauchtes Handy kaufen und vollgeladen mit auf Tour nehmen. So bleibt der Notrufkontakt zur Zivilisation erhalten.

★

Langeweile — Praktische Gegenmittel

Wer auf Reisen geht und dabei die Zivilisation verlässt, den kann bisweilen die Langweile einholen. Das Kulturgut Buch ist meist nur in begrenztem Umfang dabei, weil es zu schwer ist. Die Firmen Ortlieb und Tatonka bieten leichte Spielesets an. Diese verbreiten Kurzweil, wenn schlechtes Wetter zur Last wird.

Ohrenschutz — Logisch oder?

5

Reisen ohne »Oropax« ist dumm.

Pumpen-Hupe — Gehör verschaffen

40

Wer öfter im Verkehrsdickicht unterwegs ist oder durch urbane Metropolen auf Tour geht, der sollte sich Gehör verschaffen können. Einfach ein ausreichend lautes Horn nehmen, das Mundstück durch einen Schlauch ersetzen und diesen mit einer handelsüblichen Minipumpe verbinden. Beides am Lenker montieren und schon ergibt jeder Pumpenhub einen stattlichen Ton! In Deutschland sind derlei Konstruktionen verboten!

40 Min. ★★ **Heim-Werkstatt**

Trekken und Radeln — Gewicht gering halten

Wer auf seiner Radtour auch Trekking betreiben möchte, der bekommt bei der Ausrüstung ein Platz- und Gewichtsproblem. Lösung bieten die radikal leichten, aber spartanisch ausgeführten Trekkingartikel von golite (www.golite.com): unschlagbar leicht und radikal konzipiert. Wer sich komplett ausrüstet, hat dann allerdings ein Finanzproblem (kostspielig).

Vorbeugen statt...

Dinge, die man haben sollte, bevor man sie braucht: Pumpe, Helm, Multitool, Lichtanlage, Erste-Hilfe-Set, Trinkwasser(filter).

DIE TOUR

Allgemein

Was ist Credit Card Touring? — Zwischen Charme und Dekadenz

CCT steht für Credit Card Touring und ist das Synonym für Radtouren mit möglichst wenig Gepäck. Verzichten Sie auf Zelt, Schlafsack, Kocher und beschränken Sie sich auf Zahnbürste, Kreditkarte und eine Wechselgarnitur, sowie Handy und Kamera. Sicher, diese Art zu touren ist kostspielig, aber reizvoll, denn man kommt schnell vorwärts und hat wenig »Brassel« mit der Ausrüstung.

●○○○○○○

Planung

Prioritäten — 1. Mit wem 2. Wohin

Es gibt einen Weinbrand, von dem in der Werbung behauptet wird: »Ihm ist es egal, wo er getrunken wird, aber nicht von wem.« Vergleichbares gilt für Radtouren. Meist haben mir nicht die Regionen die Freude an der Tour verdorben, sondern eher meine Begleiter – oder das Wetter. Schauen Sie deshalb vor allem darauf, mit wem Sie fahren!

●○○○○○○

Tourenvorbereitung — Nicht übertreiben 1

Es gibt Radler, die scheinen mehr Freude an der Vorbereitung zu haben als an der Tour selbst... Wer Ruhe, Zeit und etwas Geld mitbringt, der kann Probleme auch unterwegs lösen. Verschwenden Sie nicht zu viel Zeit für die Tourenplanung.

●○○○○○○

Tourenvorbereitung — Nicht übertreiben 2

REISE-RADLER

Zu viele Details in die Planung einzubeziehen ist unnötig, denn es gilt: Alles ist nur halb so doppelt und es kommt stets anders als man denkt. Also kümmern Sie sich bei der Planung um überlebensrelevante Dinge, um kulturelle Höhepunkte und Besonderheiten.

●○○○○○○

Allein oder in der Gruppe — Allein = Kontaktpflicht

REISE-RADLER

Radreisen bedeutet immer den engen Kontakt zu Land und Leuten. Wer allein unterwegs ist, der muss zwangsläufig mehr Kontakt zu Einheimischen aufnehmen und erlebt damit mehr. Wenn die Kontaktaufnahme aber erfolglos ist, dann wird die Tour sehr einsam...

●○○○○○○

Allein oder in der Gruppe — Allein 1

Wer allein radelt, der braucht niemanden zu überzeugen. Die eigene Meinung, Vorliebe, Leistungsfähigkeit und und und markieren die Leitlinie: Egomane sein ohne Widerworte!

●○○○○○○

Allein oder in der Gruppe — *Allein 2*

Wer allein fährt hat keinen Partner, der ihm aus Motivationslöchern, Extremsituationen usw. heraushilft.

●○○○○○○

Allein oder in der Gruppe — *Allein 3*

Wer in gefährlichen Gegenden reisen will (dies ist politisch, fahrtechnisch, im Sinne der Witterung und wie auch immer zu verstehen), der wird – gesunden Menschenverstand vorausgesetzt – nicht einmal daran denken, alleine auf Tour zu gehen! Vergessen Sie es! Ändern Sie das Reiseziel oder suchen Sie sich einen Partner!

●○○○○○○

Allein oder in der Gruppe — *Gruppe 1*

Wenn Sie sich für eine Gruppe entscheiden, so besteht diese mindestens aus einer weiteren Person. Meist kommen gute Freunde in Frage. Doch Vorsicht, eventuell hat man nach der Tour einen guten Freund weniger. Je enger die Person einem steht, desto herber kann der Verlust sein!

●○○○○○○

Allein oder in der Gruppe — *Gruppe 2*

Meiden Sie bei kleinen Gruppen ungerade Zahlen: Fahren Sie zu dritt, so wird es im Zweifelsfall stets »2:1« heißen und – auch – Sie können der Dumme sein. Ab sieben Leuten sind solch knappe Mehrheiten aber kein Problem mehr.

●○○○○○○

Allein oder in der Gruppe — *Gruppe 3*

Wenn Sie Partner für die Tour suchen, machen Sie möglichst deutlich klar, wie Sie sich die Tour vorstellen. Lieber einen potenziellen Mitfahrer von der Liste gestrichen, als eine »versaute« Tour.

●○○○○○○

Allein oder in der Gruppe — *Gruppe 4*

Ist Ihre Gruppe größer als vier Leute, dann sollten Sie einen »Gruppenleiter« bestimmen, der Entscheidungsfindungen (»Machen wir bereits in Bonn Mittagspause oder erst in Köln?«) lenkt.

●○○○○○○

Allein oder in der Gruppe — Gruppe 5

Bestimmen Sie Spielregeln für die Tour im Voraus: Wie lang Etappen gehen, wie die Reisekasse geführt wird, auf welchem Niveau die Quartiere mindestens und höchstens sind, wie schnell gefahren wird... Es gibt viele Gelegenheiten, sich zu streiten!

Pauschal oder individuell — 1

Eine Radreise auf eigene Faust zu planen bedeutet alle Freiheit der Welt zu haben. Nichts ist festgelegt, alles ist individuell abstimmbar. Die Kehrseite: Sie müssen sich um alles kümmern, nichts wird von fremder Hand erledigt. Erfahrungen anderer fließen nur bedingt ein. Zur Reisezeit kommt die Planungszeit hinzu. Haben Sie diese wirklich?

Pauschal oder individuell — 2

Wenn wenig Zeit für die Reiseplanung vorhanden ist oder man auf die erste Radreise geht, dann ist eine organisierte Tour optimal. Sie schützt vor Frust aufgrund schlechter Planung.

Pauschal oder individuell — Ausschlusskriterien für organisierte Touren

Eigenbrötler, sehr fitte Sportler oder Menschen mit sehr ausgewählten – um nicht zu sagen radikalen – Weltanschauungen werden in einer organisierten Radtour nur dann ihre Freude haben, wenn sie vorher sichergestellt haben, dass die Organisatoren auf ihre Vorstellungen eingehen können – und wollen..

Pauschal oder individuell — Erlebniswert

Wenn Sie alleine unterwegs sind, dann sind Offenheit und Gastlichkeit Ihres Reiseziels entscheidend, Sie werden mehr von »Land und Leuten« erleben, als es Ihnen die teuerste Erlebnisreise organisieren könnte.

Pauschal oder individuell — Ins gemachte Bett legen!

Waren Sie schon einmal mit einer Reisegruppe unterwegs? Sie finden Gleichgesinnte, müssen sich nicht um die Strecke kümmern und können sich ganz auf die Reize der Landschaft konzentrieren.

Pauschal oder individuell — Keine Scheu

Scheuen Sie sich nicht vor einer Tour allein, die Sie selbst organisiert haben. Sollten Sie dennoch in Probleme geraten, kommen Sie allein besser in Kontakt mit Einheimischen, die Ihnen helfen können. Auch findet ein Einzelfahrer besser Quartier.

Pauschal oder individuell — Organisation minimiert Unsicherheiten

Radreisen haben immer viele unbekannte Faktoren. Nicht alleine das Wetter, auch Tagesform und der Pannenteufel spielen mitunter wichtige Rollen. Wem diese Faktoren Unbehagen bereiten, der sollte eine organisierte Radreise buchen. Die Organisatoren können zwar keinen Regen wegzaubern, aber das Begleitauto rufen...

Pauschal oder individuell — Organisierte Touren sind Kontaktbörsen

Will man den Urlaub nutzen, um nette Leute auch aus der Heimat kennen zu lernen, dann ist die organisierte Radtour optimal. Die Gruppen werden meist möglichst homogen zusammengestellt und sind überschaubar.

●○○○○○○

Pauschalreisen — Vorsicht bei Frühbucherrabatten

Früher buchen und viel Geld sparen, versucht die Werbung zu vermitteln. Doch wer den Bleistift spitzt, der merkt, dass dabei mitunter nur wenige Euro herausspringen. Vor allem, wenn man die Kosten für eine Reiserücktrittsversicherung in die Rechnung mit einbezieht.

●○○○○○○

WELTEN-BUMMLER

Andere Länder, andere Sitten — Spielregeln kennen

In Lake Country im US-Bundesstaat Colorado ist das Küssen schlafender Frauen per Gesetz verboten... Erkundigen Sie sich vor Anreise nach den lokalen kulturellen und rechtlichen Regeln. Das spart Ärger, Geld, Nerven und Zeit.

●○○○○○○

Ansprechpartner — Über Vorhaben informieren

Starten Sie auf eine riskante Tour, dann benachrichtigen Sie jemanden, wann Sie starten, wo Sie fahren wollen und wann Sie wo anzukommen gedenken. Ist Ihnen unterwegs etwas zugestoßen, kann man Sie so leichter finden und Ihnen unter Umständen das Leben retten...

○○●○○○○

WELTEN-BUMMLER

Ersatzteillager — Für Extremtouren Pflicht!

Ersatzteile sollten zu Hause lagern und von Ihnen durchnummeriert worden sein. Nehmen Sie eine Liste der Nummern mit auf Tour, damit die »Mitarbeiter« im Basislager das Richtige schicken können.

●○○○○○○ ★

Höhenmeter — Sonstiges

Vorsicht gilt bei Steigungen, planen Sie nicht nur in Sachen Kilometern, sondern beachten Sie die Höhenmeter. Hier spielt nämlich die Musik. Mehr als 2000-4000 Höhenmeter sollten Sie sich beispielsweise im Gelände nicht zumuten. Planen Sie lieber »locker«, als von Beginn an der Marschtabelle hinterher fahren zu müssen. Wer öfter in den Bergen fährt, der sollte über die Investition in einen Höhenmesser nachdenken, der hilft planen und gibt wertvolle Tipps zur Wettervorhersage.

●○○○○○○ ★

Informationen — *Bei Ortskundigen einholen*

Checken Sie insbesondere bei Mountainbike-Touren und Fahrten im Hochgebirge die aktuelle Wettervorhersage. Nicht selten ist Abbrechen klüger als Weiterfahren.

●○○○○○○ **30 Min.** ★★

Informationen — *Schenken lassen statt kaufen*

Ob ADAC, ADFC, Fremdenverkehrsämter, Touristenzentren oder Hotelketten: Besorgen Sie sich kostenlose Unterlagen zur Route oder zum Zielort, bevor Sie fehlende Informationen erfragen oder durch teure Reiseführer ergänzen. Das kostenlose Material ist meist aktuell, muss aber mit Vorsicht genossen werden. Es ist nicht objektiv, aber informativ!

●○○○○○○ **30 Min.** ★

Informationen — *WWW hilft kostenlos*

Das Internet ist grenzenlos – informativ! Zum Thema Reisen gibt es alles Erdenkliche im Netz. Welche Campingplätze in Florida haben fließend heißes Wasser? Das Netz weiß es.

●○○○○○○ **2 Stunden** ★★ **Standard**

Internet — *»Genussgarantie«*

Im Internet gibt es so manche Information: www.goneweng-land.about.com zeigt Ihnen die Färbung des Indian Summers sekundenaktuell.

●○○○○○○ **15 Min.** ★

Keine Zeit für Radtouren — *Allzeit bereit*

TOUREN-RADLER

Nehmen Sie Ihr Rad auf jede Geschäftsreise mit. So können Sie abends oder zwischen den Terminen kleine Erkundungstouren in fremden Städten und Regionen unternehmen... Weil alles neu ist, sind bereits kleine Ausfahrten sehr erquicklich.

○○○●○○○

Keine Zeit für Radtouren — *Das Glück liegt so nahe*

TOUREN-RADLER

Sicher, unter der Woche kommt man nicht dazu, nach Timbuktu und zurück zu touren. Aber das Touring-Glück liegt ja auch so nahe... Wann waren Sie das letzte Mal vor der Stadt auf der berühmten Burg, im bekannten Park oder am Stausee? Oft genügt eine Stunde, die Sie direkt von der Arbeit aus anhängen, um Tourenspaß zu haben. Da kommt zwar kein Expeditionsflair auf, aber dennoch Freude...

●○○○○○○

Keine Zeit für Radtouren — *Feste Termine*

TOUREN-RADLER

Wenn Sie Ihren »Radtouren-Termin« immer zur gleichen Zeit unternehmen, dann stellt sich schnell Routine ein: Ihre Familie weiß es, Ihre Sekretärin und der Chef auch. Man wird es nur in seltenen Fällen wagen, Sie davon abzuhalten.

●○○○○○○

Keine Zeit für Radtouren — *Morgenstunde hat ...*

TOUREN-RADLER

Fahren Sie morgens: Nutzen Sie das Limit der Gleitzeit aus und verabschieden Sie sich früh von zu Hause. Auf diese Weise entsteht problemlos ein zweistündiges Zeitfenster. Das kann eine wunderschöne Radtour werden!

●○○○○○○

TOUREN-RADLER

Keine Zeit für Radtouren — *Termine machen*

Machen Sie einen Termin mit sich selbst. Blocken Sie sich in Ihrem Kalender »Mo. 23.6. Eselsweg, 40km, ab 16.00 Uhr«. So können Sie sicher sein, dass die Radtouren nicht auf der Strecke bleiben.

●○○○○○○ **5 Min.** ★

TOUREN-RADLER

Monotonie — *Abendtouren einmal anders*

Haben Sie schon einmal im Hochsommer eine Radtour nach der Arbeit unternommen und sich dabei auf einer prächtigen Feldblumenwiese ein abendliches Picknick schmecken lassen? In der freien Natur schmeckt Rotwein am besten...

●○○○○○○

TOUREN-RADLER

Monotonie — *Neues wagen*

Radtouren können sehr unterschiedlich sein: Haben Sie schon einmal eine Nachtetappe ausprobiert? Sorgen Sie für ausreichend Licht und Reflektoren am Rad und suchen Sie sich eine Strecke mit Radweg aus. Meiden Sie Freitag und Samstagnacht (betrunkene Disko-Heimkehrer...). Keiner stört, kein Lärm, in Fenster schauen und allein, nur das Surren des Dynamos... Das sollte man erlebt haben!

○○○○●○○

TOUREN-RADLER

Monotonie — *Standardtouren*

Man hat immer nur wenige Stunden Zeit für seine Touren und irgendwann kennt man jede Straßenecke: Entdecken Sie Ihr Terrain neu, fahren Sie zu »extremen Zeiten«: frühmorgens, spätabends oder gar nachts. Versuchen Sie es einfach!

●○○○○○○

REISERADLER

Monotonie — *Starten Sie früh*

Haben Sie schon einmal die Alligatoren in den Everglades aufwachen sehen? Wer seine Radtour morgens um 5.00 Uhr beginnt, lernt die Natur anders kennen. Viele Tiere zeigen sich nur zu dieser Zeit! Neue Perspektiven lassen Sie das frühe Aufstehen schnell vergessen. Das Fotolicht um diese Tageszeit ist unschlagbar.

○○○●○○○ ★

Reisen mit den Kindern — *Aktionen am Ziel planen*

Suchen Sie sich stets Quartiere, in denen sich die Kinder austoben können, denn sitzen/schlafen im Anhänger ist nicht sehr anstrengend..

●○○○○○○

Reisen mit den Kindern — *Ernst nehmen*

Klar, Sie kennen Ihr Kind am besten! Dennoch einige Anregungen: Wählen Sie einen Zielort und Streckenabschnitte mit viel Natur und Auslauf. Integrieren Sie Ihre Kinder in die Reiseplanung.

●○○○○○○ ★★

Reisen mit den Kindern — *Keine Lügen*

Sagen Sie Ihren Kindern die Wahrheit bei Fragen zu Entfernungen, Menschen, Leid und Wartezeiten.

○○○●○○○ ★★★

Reisen mit den Kindern — Spielzeug

Kaufen Sie das Spielzeug vor Ort. Dann müssen Sie es nicht schleppen – preiswertes gibt es überall.

●○○○○○○ **15 Min.** ★★

Streckenplanung — Folgen Sie den Flüssen

Wer Flüssen folgt, hat in der Regel zwei Vorteile: Die Steigungen bleiben überschaubar, und Flüsse sind stets »Kulturlandschaften«, die Städte an den Flüssen haben stets Bedeutung für die Umgebung gehabt, hier gibt es Kultur und alte Bausubstanz…

●○○○○○○

Streckenplanung — Ruhetage einplanen

REISERADLER

Ruhetage sind sehr wichtiger Bestandteil von Radreisen, sie geben die Chance für ausgiebige Besuche und zur Erholung. Sie sollten den ersten nach zwei bis drei Tagen ansetzen. Dann das Verhältnis auf 1:4, 1:5 und schließlich 1:6 steigern.

●○○○○○○

Streckenplanung — Sonstiges

REISERADLER

Die Planung der Strecke sollte stets von den touristischen Regionen aus beginnend langsam in die entlegeneren Gebiete führen. Auf diese Weise gewöhnen Sie sich an die kulturellen Eigenheiten eines Landes und der Kulturschock fällt geringer aus.

●○○○○○○ ★★

Streckenplanung — Überbrückungsetappen

REISERADLER

Überbruckungsetappen (das sind Zweckfahrten über große Straßen und große Distanzen) immer am Wochenende und in den frühen Morgenstunden unternehmen, dann sind wenige Ausflügler und kaum LKW unterwegs.

●○○○○○○

Tagesplanung — 1

Wer bereits am Nachmittag am Ziel ankommt, kann das Gepäck abladen und mit dem nun leichteren Rad die Umgebung erforschen. Das geht schneller und macht meist auch mehr Spaß.

●○○○○○○

Tagesplanung 2

Passen Sie die Tourenlänge realistisch Ihrem Leistungsniveau an. Lieber ausgeruht und kraftvoll die letzten Kehren zum Etappenziel sprinten, als entkräftet auf halber Strecke ein Notquartier aus Tannenzweigen errichten!

Tagesplanung 3

Planen Sie stets einen Puffer von 25 Prozent für Pannen, Besichtigungen, Verfahren usw. ein.

REISERADLER

Tagesplanung 4

Erkundigen Sie sich über die Sonnenzeiten in der Reiseregion. Vor allem bei Touren im Herbst wird oft vergessen, dass die Sonne erst spät aufgeht und früh wieder untergeht. Es bleibt wenig Zeit zum Biken. Die Streckenlängen sollten dem angepasst sein, sonst kommen Stress und Frust auf.

Tagesplanung 5

Es gibt keine verbindliche Regel für die ideale Tagesetappe. Freaks schaffen über 300, Genießer belassen es bei 30. Wind und Wetter und Topographie und Straßenqualität haben ebenso Einfluss auf die Tagesleistung. Der beste Indikator ist Ihre Laune. So lange Sie Spaß haben, sollten Sie fahren. Vergeht die Freude, ist es Zeit anzuhalten, beziehungsweise einen Ruhetag einzulegen und die nächsten Etappen zu verkürzen. Wer seine Strecke exakt im Voraus plant, hat weniger Spielraum für »Formschwächen«, denn gebuchte Hotels wollen erreicht sein...

REISERADLER

Tagesplanung 6

Ein Radreisetag sollte früh beginnen. Sie sollten zur Mittagspause bereits 70% der Tagesstrecke hinter sich haben. Dafür müssen Sie ausreichend früh aufstehen.

★

REISERADLER

Tagesplanung 7

Morgenstund hat Gold im Mund: Fahren Sie früh los, so haben Sie die Chance, Tiere in freier Wildbahn zu sehen, gehen störenden Konflikten mit Wanderern aus dem Weg und haben hinreichend Zeit für Pausen, ohne Gefahr zu laufen, erst bei Dunkelheit heimkommen.

GELÄNDE-TOURER

Tagesplanung 8

Höhenmeter machen die Musik. In den Bergen verlieren Distanzen an Bedeutung, denn die Anstiege kosten die meiste Kraft. Vor allem im Gelände ist dies entscheidend für die Planung.

Wintertouren — *Ein guter Grund 1*

Die kalte unverbrauchte Luft des Winters fühlt sich einmalig an. Haben Sie sie schon einmal probiert?

Wintertouren — **Ein guter Grund 2**

Mitten in der Tour, wenn die Bewegung Sie durch und durch wärmt, werden Sie sich fragen, wie alles so schön gefroren sein kann und sich an diesem Schauspiel erfreuen.

Wintertouren — **Ein guter Grund 3**

Wenn Sie unterwegs sind und sich gut fühlen, weil Sie den inneren Schweinehund überwunden haben, dann ist es Zeit, sich klarzumachen, wie kalt es wirklich ist: Ziehen Sie die Handschuhe aus und greifen Sie in den Schnee oder an Ihren Rahmen.

Wintertouren — **Ein guter Grund 4**

Wer bei diesem Wetter draußen unterwegs ist, der kann sich sicher sein, in den Augen der anderen ein »Held« zu sein. Ein vitalisierendes Gefühl, oder?

Bergtouren

Kleidungsmanagement — **Zwiebelmethode**

Regenkleidung muss immer im Rucksack sein, wenn der Biker ins Gebirge rollt. Ziehen Sie sich um, sobald Ihnen kalt wird oder der Regen einsetzt. Reagieren Sie sofort, sobald es Ihnen warm wird... Radfahren in den Bergen ist ein ewiges An- und Ausziehen! Dabei hat sich die Zwiebelmethode (viele dünne Schichten statt wenige dicke) als optimal erwiesen! Besonders bei Abfahrten umgehend etwas anziehen. Lieber schwitzen, als zu stark auskühlen. Treten Sie immer locker mit und setzen Sie eine Brille auf, denn beim Downhill mutiert die Mücke zum Geschoss.

Bergauf — **Außen fahren**

Kehren bis 190 Grad sind innen fast doppelt so steil wie außen, deshalb bergauf stets außen fahren, das spart Kraft. Was in Linkskurven kein Problem ist, wird bei Rechtskurven sehr gefährlich. Es verlangt viel Vorsicht.

Bremsbeläge — *Ersatz ist Pflicht*

50

Wer durch die Alpen und andere Hochgebirge flitzt, der braucht in seiner Trikottasche ein Ersatzpaar Bremsbeläge. Die fahren sich nämlich bergab ruckzuck 'runter. Dabei machen Scheibenbremsen nicht unbedingt eine Ausnahme.

★

Bremstechnik — *Sorgt für Sicherheit*

Je mehr Gewicht (Fahrer, Fahrrad und Gepäck) zu bremsen ist, desto höher die Gefahr, die Felgen zu überhitzen. Man verhindert dies, indem man ausschließlich vor Kurven bremst und dies kurz und kräftig. Das kontinuierliche leichte Schleifenlassen der Bremsen erhöht das Risiko eines hitzebedingten Reifenplatzers stark.

★

Dilemma — *Laut & satt oder einsam & hungrig*

Als Radfahrer wählt man oftmals die wenig frequentierten unbekannteren Pässe. Diese sind nur selten vollends ausgebaut. Nicht selten haben eben diese Pässe die größten Steigungen. Machen Sie sich zudem darauf gefasst, dass hier nicht in jeder Kurve ein Ausflugslokal mit Getränkeausschank steht.

Gegenverkehr — *Unfallrisiko*

Immer mit Gegenverkehr rechnen! Besonders in touristischen Regionen quälen sich auch große Reisebusse dem Gipfel entgegen. Wer von einem solchen Bus überrascht wird, hat unverantwortlich gehandelt...

Kurven — *Sind keine Parkplätze*

Wer in Kurven anhält, etwa um ein Foto zu machen oder sich zu erfrischen, der kassiert geballten Ärger von anderen Verkehrsteilnehmern. Zu Recht. In den Kurven wird jeder Quadratmeter Raum benötigt.

Spielregel — *In der Schweiz*

In den Bergen herrschen eigene Regeln: In der Schweiz etwa dürfen Postbusse stets auf der Bergseite der Straße fahren. Auch wenn diese alte Regel nur noch selten Anwendung findet, sollte man vorbereitet sein.

Spielregel — *Für die Sicherheit*

Ob im Wald oder auf der Straße, es herrscht die Regel: Der bergauf Fahrende hat Vorfahrt! Das gilt auch für Radfahrer.

★

Pässe — *Infos einholen*

Lassen Sie sich nicht täuschen: Mancher Pass beginnt als breit ausgebaute Straße und endet als Schotterpiste, die nur wenige Wochen im Jahr geöffnet ist. Vor dem Start über die wahren Bedingungen vor Ort erkundigen.

15 Min. ★

Planung — **Morgenstunde**

Da es bergauf für Radfahrer ohnehin schnell warm wird, ist es ratsam, möglichst früh auf die Bergtour zu starten. Dennoch hat dies auch Grenzen, wer im Morgengrauen startet, sollte mindestens mit der Talfahrt warten, bis es vollends hell ist.

Steinschlag — **Auch ohne Warnschild**

Auch wenn die Straßen mittlerweile gut ausgebaut sind, gibt es Gefahren. Steinschlag lauert auch an Stellen, an denen kein Schild explizit warnt.

Nachtquartier

Besser Schlafen — **Ohne Alkohol**

Mit Alkohol im Blut und Flüssigkeit in der Blase friert man mehr/eher! Also den Rotwein in der Flasche lassen und vor dem Schlafengehen aufs WC.

★

Hotelzimmer — **Das Beste erhalten 1**

Lassen Sie erst gar nicht die Gelegenheit aufkommen, Ihnen eine Besenkammer unterzujubeln. Fragen Sie direkt »Welches ist das schönste Zimmer im Hause in dieser Preisklasse?« Diese Eloquenz wird belohnt.

Hotelzimmer — **Das Beste erhalten 2**

Wenn das Zimmer belegt ist, fragen Sie nach dem nächstbesten. Blockt der Hotelservice ab: »Bei uns sind alle Zimmer schön«, präzisieren Sie Ihren Wunsch: Das ruhigste Zimmer, das größte ....

5 Min. ★

Hotelzimmer — **Das Beste erhalten 3**

Blockt man auch hier: »Sie können sicher sein, bestens untergebracht zu sein.«, dann fahren Sie weiteres Geschütz auf: »Schon am Telefon schienen Sie die individuellen Wünsche Ihrer Kunden nicht so sehr zu interessieren, ist das vor Ort auch so?

5 Min. ★

Hotelzimmer — **Das Beste erhalten 4**

Planen Sie etwas Besonderes, dann sollten Sie dies sofort absprechen: »Wir sind mit Tandem und Kinderanhänger unterwegs, haben Sie dafür sichere Abstellmöglichkeiten?«

5 Min. ★

Hotelzimmer — **Das Beste erhalten 5**

Sollten Sie bei Bezug des Zimmers merken, dass alle Arbeit im Vorfeld vergebens war und etwas auszusetzen ist, dann reklamieren Sie sofort, höflich, aber bestimmt: Sicher erhalten Sie ein neues Zimmer, vorausgesetzt, es ist noch eines zu bekommen.

5 Min. ★★

REISERADLER

Hotelzimmer — Erst schauen, dann einchecken

Scheuen Sie sich nicht, ein Hotelzimmer vor dem Buchen zu inspizieren: Ist Platz fürs Rad, lässt sich Kleidung aufhängen und stimmt die Sauberkeit? Übrigens ist ein solcher Rundgang in vielen Ländern dieser Welt nicht verpönt, sondern üblich.

○○○●○○○ **5 Min.** ★

Schlafmatte — Sofort auspacken

Geben Sie der Matte Zeit. Am besten bereits beim Zeltaufbau ausrollen und Ventil öffnen. Das spart Puste!

○○○●○○○ **1 Min.** ★

Schlafsack — Frühestmöglich auspacken!

Sobald das Zelt steht oder die Schlafecke bekannt ist, öffnen Sie den Schlafsack. Lassen Sie ihm Zeit, sich aufzublähen. Darauf freuen sich die Daunen den ganzen Tag und Ihnen ist später mollig warm.

○○○●○○○ **1 Min.** ★

Schlafsack — Maximale Wärme

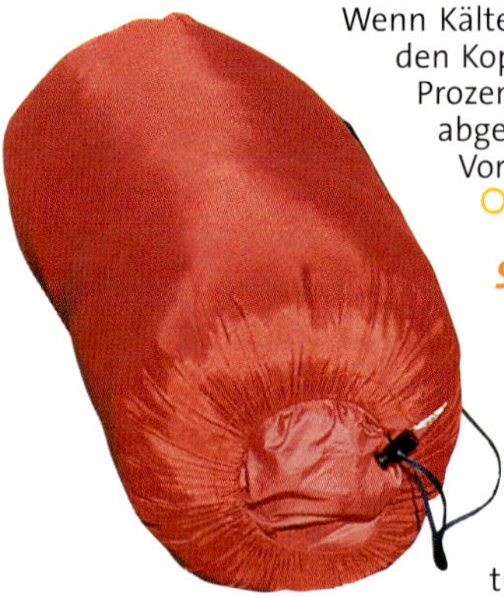

Wenn Kälte sich breit macht, dann muss man als Erstes den Kopf mit in den Schlafsack nehmen. Da etwa 30 Prozent der gesamten Körperwärme über den Kopf abgegeben wird, ist ein warmer Kopf eine wichtige Voraussetzung auch für warme Füße...

○○○●○○○ ★

Schlafsack — Nachsorge am Morgen

Am Morgen ist es gerade umgekehrt. Geben Sie dem Schlafsack Zeit, die aufgenommene Feuchtigkeit der Nacht auch abzugeben. Packen Sie ihn als Letztes ein und legen Sie ihn vorher zum Trocknen geöffnet und am besten auf links gedreht aus. Bedenken Sie, dass direkte Sonnenstrahlung die Beschichtungen zerstören kann.

○○○○○●○ **15 Min.** ★

Schlafsack — Ohne Zelt = Windschutz suchen

Wer im Freien schläft, der muss auf den Wind achten. Nur eine windgeschützte Stelle erlaubt es dem Schlafsack, Sie zu wärmen.

○○○●○○○ ★

Schlafsack — Richtig einpacken

Stopfen Sie den Schlafsack stets mit dem Fußteil zuerst in den Packsack.

○○○○○●○ **30 Min.** ★★ **Standard**

Schlafsack — Wohlig statt frostig

Schlafsäcke wärmen nicht, sie isolieren. Deshalb ist es entscheidend, wie man in den Schlafsack einsteigt. Ein kleiner Sprint ums Zelt bringt den Körper in Fahrt und heizt auf. Steigt man dann in den Schlafsack, wird es schnell kuschelig warm.

○○○●○○○ **5 Min.** ★

Unterkunft — Mit Gegenseitigkeitsprinzip *Randonneur*

Neben dem bekannten Radler-Übernachtungsverzeichnis des ADFC gibt es auch eine sportliche Version unter www.quaeldich.de.

Zelt — Richtig aufbauen

Suchen Sie sich einen Untergrund, in dem die Heringe greifen. Kontrollieren Sie ihn auf spitze Steine, Scherben, Wurzeln, Dornen und Ameisenstraßen. Bauen Sie Ihr Zelt nie in einer Senke auf, sonst laufen Sie Gefahr, bei Regen geflutet zu werden. Auch niemals unter Bäumen, denn der »Nachregen» lässt den Geräuschpegel auch lange nach dem eigentlichen Regen nicht sinken. Dass man niemals direkt am Wasser sein Zelt einrichtet, versteht sich nicht nur wegen der Mücken von selbst, sondern auch, weil Regen den Pegelstand binnen Minuten »ungünstig« erhöhen kann! Der Eingang des Zeltes sollte möglichst auf der Windschattenseite liegen. Frühaufsteher sollten das Zelt der Sonne zugewandt aufbauen, dann lässt sich der Sonnenaufgang aus dem Schlafsack heraus genießen!

10 Min. ★ *Standard*

Navigation

Karte — Unterwegs sicher unterbringen 1 5

Papierklemmen aus dem Schreibwarengeschäft eignen sich vorzüglich, um eine Landkarte an die Bowdenzüge am Lenker zu klemmen.

5 Min. ★

Karte — Unterwegs sicher unterbringen 2 20

Wenn Sie häufig in der gleichen Region unterwegs sind, lohnt es sich, den entsprechenden Ausschnitt aus der Karte herauszuschneiden und komplett mit Klarsichtfolie einzukleben. Perfektionisten suchen Kartenmaßstab und -ausschnitt so aus, dass ihre zugeschnittene Karte exakt um eine Trinkflasche passt. Daraufgeklebt hat die Karte einen sicheren Platz und verknittert nicht.

15 Min. ★★★ *Standard*

Karte auswählen — Farbenlehre wichtig *Weltenbummler*

Leider gibt es welt- und europaweit keine verbindlichen Normierungen, deshalb muss man sich mit jeder Karte einzeln vertraut machen. Einzige Gleichheit aller Karten: gelb, orange und violett eingezeichnete Wege sind asphaltiert.

5 Min. ★

Karte auswählen — Qualitätsmerkmal Alter 1 20

Achten Sie auf Herstellungs- und Druckdatum: Kennt die Karte noch Obervolta, die DDR und Jugoslawien, dann lassen Sie sie für Historiker im Regal liegen

★

Karte auswählen — *Qualitätsmerkmal Alter 2*

Lieber eine aktuelle grobe Karte (1:100.000) als eine feine (1:50.000), die veraltet ist. Hier drohen böse Überraschungen: Idyllische Wege sind nun Asphalthighways, der eingezeichnete Campingplatz ist längst einer Deponie gewichen... Aktuelles Kartenmaterial kann in einsamen Gegenden übers Überleben entscheiden! Karten sind die falsche Stelle für Sparmaßnahmen.

●○○○○○○ ★

Geländetourer

Karte auswählen — *Topographische Karten ideal fürs MTB*

Wer im Gelände unterwegs ist, der sollte vorrangig mit topographischen Karten arbeiten. Sie geben das Gelände am besten wieder. Hotels usw. kann man notfalls von anderen Karten übertragen.

●○○○○○○

Karte auswählen — *Tourenstil entscheidet über Maßstab*

Für Touren auf der Straße ist der Maßstab 1:100.000 ideal. Fahrten abseits asphaltierter Wege sollte man mit einer Karte im Maßstab 1:50.000 in Angriff nehmen. Nur in Ausnahmefällen sogar 1:25000, denn derart feine Karten bieten nur unwesentlich mehr Informationen, sind deutlich teurer und man »fährt schnell aus ihnen heraus«; sprich: Für eine Tour sind viele Karten notwendig.

●○○○○○○ **5 Min.** ★

Karten lesen — *Achtung, mehr Meter!*

Oft vergessen, meist fatal: Landkarten geben nur die Luftlinie wieder! In der Realität sind es mehr Meter. Denn der Böschungswinkel findet keinen Platz in der Entfernungsdarstellung, sondern ist in den Abständen der Höhenlinien versteckt...

○○○●○○○ **5 Min.** ★★

Karten lesen — *Höhenlinien 1*

Höhenlinien sind in der Regel braun eingezeichnet. Je weiter sie auseinander liegen, desto flacher ist die Region.

○○○●○○○ **5 Min.** ★

Karten lesen — *Höhenlinien 2*

Wenn man die Höhenlinien kreuzt, dann heißt das Klettergänge einlegen. Je enger die Höhenlinien beieinander liegen und je »frontaler« man sie kreuzt, desto steiler wird's.

○○○●○○○ **5 Min.** ★★

Karten lesen — *Überblick verschaffen*

Der erste Blick gilt der Legende: Welche Farbe ist wofür vorgesehen? Welchen Maßstab hat die Karte, welche Abstände haben die Höhenlinien? Klären Sie erst, wie die Karte darstellt; und dann, was sie zeigt!

○○○●○○○ **5 Min.** ★

Geländetourer

Karten lesen — *Überfüllung meiden*

Rot markierte Wanderwege sind meist am besten in Stand gehalten. Allerdings muss man hier auch mit den meisten anderen Besuchern/Reisenden rechnen.

○○○●○○○ **5 Min.** ★

Karten lesen — Wichtig fürs MTB 1

GELÄNDE-TOURER

Wälder sind auf den meisten Karten grün eingezeichnet, aber das sagt nichts darüber aus, ob es sich um undurchdringliches Buschwerk oder um lichte Buchenwälder handelt, die sich einfach durchfahren lassen. Vorsicht ist geboten.

5 Min. ★

Karten lesen — Wichtig fürs MTB 2

GELÄNDE-TOURER

Im Allgemeinen sind Geröllpassagen grau dargestellt und erst der Verlauf der Höhenlinie verrät, ob es sich um fahrbare Passagen handelt oder ob das Rad geschultert gehört.

5 Min. ★

Karten-Management — Gewicht reduzieren

20

Karten haben ein stattliches Gewicht: Beschneiden Sie sie (mit mindestens 40 km Reserve in jeder Richtung entlang der Route) und schicken Sie sie nach Gebrauch nach Hause oder überantworten Sie sie dem Altpapiercontainer.

20 Min. ★

Karten, Reiseführer & Stadtpläne — Optimieren 1

Langes Suchen nach den wichtigsten Seiten verhindert man, indem diese Seiten ein kleines »Fähnchen« aus Gaffa erhalten: Nehmen Sie ein etwa 35 x 10 mm großes Stück Gaffa, setzen Sie die Schmalseite auf 15 mm an der Kante der wichtigsten Seite an und falten Sie das Gaffa so um, dass etwa 3 mm überstehen.

20 Min. ★ **Standard**

Karten, Reiseführer & Stadtpläne — Optimieren 2

Ein eventuell vorhandenes Lesezeichen wird mit einem dicken Streifen Gaffa stabilisiert.

5 Min. ★ **Standard**

Karten, Reiseführer & Stadtpläne — *Optimieren 3*

20

Hat der Plan auffaltbare Seiten, die besonders häufig benutzt werden , dann »sichern« Sie diese durch breites klares Tape an der Falz gegen frühzeitigen Verschleiß.

15 Min. ★ ***Standard***

RANDONNEUR

Karten, Reiseführer & Stadtpläne — *Optimieren 4*

20

Damit die Karten in der Trikottasche nicht durch Schweiß oder Regen aufweichen, sollte der Umschlag mit Klarsichtfolie eingefasst werden.

10 Min. ★ ***Standard***

Stadtpläne — *Kostenlos 1*

Hotels und Autovermietungen bieten Einwegpläne (meist vom Abreißblock), einfach nett fragen – funktioniert meistens.

★★

Stadtpläne — *Kostenlos 2*

Notfalls bei der Post die Gelben Seiten besorgen, um den Stadtplan einzusehen.

★★

Rad & Auto

Rad und Auto — *Weiter denken*

Sollten Sie im Winter auch Ski und im Sommer das Surfbrett oder den Kinderwagen transportieren wollen, dann ist der Kauf eines modularen Trägersystems zu empfehlen. Sicher teurer als ein Radträger, aber preiswerter als mehrere Systeme.

Rad und Auto — *1*

Ob auf Fernreise oder Städte-Trip am Wochenende: Ein Rad bei der Autofahrt dabei zu haben, lohnt immer! Achten Sie beim Fahrradträger auf Kompatibilität zum Auto. Nicht jeder Träger passt auf jedes Auto...

Rad und Auto — *2*

Nicht alle Teile des Fahrrades sind für die Belastungen des Autotransports ausgelegt. Auf dem Dach macht dem Radl der »Gegenwind« zu schaffen und quer zum Heck stehend sind es die Vibrationen. Fahrradhersteller übernehmen keine Garantie für daraus folgende Schäden (beispielsweise für gebrochene Schutzbleche).

Rad und Auto — *3*

Wer die Räder auf dem Dach hat, der sollte vorsichtig in Tiefgaragen fahren... Wer die Räder am Heck verladen hat, der hat beim Einparken Besonnenheit an den Tag zu legen...

Rad und Auto — *4*

Kaufen Sie keinen Träger, der nicht CE- und/oder TÜV-geprüft ist.

Rad und Auto — 5

Vertrauen Sie nicht alleine dem Angebot Ihres Autohändlers. Seine Träger passen zwar garantiert, doch sind die Systeme der Autohersteller meist die teuersten.

Rad und Auto — 6

Stiftung Warentest, Automagazine und bisweilen auch Fahrradzeitschriften testen Fahrradhalter fürs Auto. Diese Tests liefern einen guten Überblick. Kaum ein Laden hat Radträger verschiedener Hersteller.

Rad und Auto — 7

Einige kleine Stofflappen sollten Sie immer bei der Hand haben, wenn Sie die Räder verladen. Zwischen Rahmenrohre und Trägerklemmen gehören Stoffbahnen zum Schutz.

Rad und Auto — 8

Mit dem Rad ist man nicht so schnell! Das gilt auch, wenn das Rad auf dem Auto fährt. Beachten Sie die ausgewiesenen Maximalgeschwindigkeiten des Trägers.

*

Huckepack am Auto — 1

Auf dem Heckträger sollten Sie die Rahmenrohre mit Rohrisolierung aus dem Baumarkt vor Kratzern schützen. Auch Luftpolsterfolie kann ein guter Helfer sein. 15

5Min. *

Huckepack am Auto — 2

Schneiden Sie einen alten Teppich derart zurecht, dass er den Bereich unter den Rädern gut abdeckt und schützt.

5 Min. * ***Standard***

Huckepack am Auto — 3

Vergessen Sie nicht die Rohrisolierungen mit Beutelverschlüssen oder Kabelbindern vorm Wegwehen zu schützen. 5

5 Min. *

Huckepack am Auto — 4

Überstehendes an den Seiten und nach hinten unbedingt mit einem roten-weißen Warnschild versehen. 20

5 Min. *

Huckepack am Auto — *Vorteile Heckträger*

Die Räder lassen sich einfacher verladen. Sie haben jederzeit Blickkontrolle. Die Räder sind aerodynamisch gut untergebracht.

Huckepack am Auto — *Nachteile Heckträger*

Die Räder bekommen viel Dreck ab. Die meisten Träger lassen sich nur zum Radtransport nutzen. Der Zugang zum Kofferraum ist meist blockiert. Das Fahrrad steht unter Umständen seitlich über.

Huckepack auf dem Auto — *1*

Wer mit dem Rad auf dem Dach schneller als 120 km/h fährt, der treibt das Fett aus den Lagern (besonders Vorderradnabe und Steuersatz).

○○○●○○○ ★

Huckepack auf dem Auto — *2*

Schnellspanner und Schrauben vom Dachträger sollte man regelmäßig fetten oder ölen, nur so verhindert man Rost.

○○○○○●○ **5 Min.** ★

Huckepack auf dem Auto — *3*

Achten Sie auf die zulässige Nutzlast.

○●○○○○○ **5 Min.** ★

Huckepack auf dem Auto — *4*

Sind die Räder auf dem Träger verstaut, sollten Sie prüfen, ob der Autoreifendruck noch stimmt, die Spiegel nachjustiert werden müssen und Gleiches eventuell auch bei der Regulierung der Scheinwerferleuchtweite der Fall ist.

○○●○○○○ **5 Min.** ★

Huckepack auf dem Auto — *5*

15

Schützen Sie Ihr Autodach an den Kontaktstellen mit Lackschutzfolie.

○○●○○○○ **15 Min.** ★

Huckepack auf dem Auto — *6*

Bei Dachträgern sollten Sie die beiden Träger möglichst weit auseinander montieren, das erhöht die Stabilität.

○●○○○○○ **5 Min.** ★

Huckepack auf dem Auto — *7*

Geht es auf lange Fahrt oder bereits bei Regen los, sichern Sie Schalthebel und Ledersättel mit Plastiktüten

○○○●○○○ **5 Min.** ★

Huckepack auf dem Auto — *Das Böse ist immer und überall*

Selbst wenn Sie die Räder an den Träger schließen, können Sie nicht ausschließen, dass der gesamte Träger gestohlen wird...

○○○●○○○

Huckepack auf dem Auto — *Nachteile Dachträger*

Das Hochwuchten der Räder ist unangenehm. Der Spritverbrauch steigt stark an. Während der Fahrt haben Sie keine Blickkontrolle über die Räder.

●○○○○○○

Huckepack auf dem Auto — *Vorteile Dachträger*

Die Räder werden nicht so dreckig. Die Träger sind preiswert und es gibt einen guten Gebrauchtmarkt. Der Träger lässt sich auch zweckentfremden.

●○○○○○○

Huckepack im Auto 1

Innenträger fürs Rad sind eine echte Alternative. Die Vorteile liegen auf der Hand: Die Räder sind vor Schmutz und Diebstahl geschützt und das Fahrverhalten des Autos ändert sich nicht.

●○○○○○○

Huckepack im Auto 2

Der Transport mit Innenträger hat auch Nachteile. So bedarf es eines recht großen Wagens, um sich die Demontage des Sattels usw. zu ersparen. Sind die Räder drinnen, müssen die meisten Mitfahrer draußen bleiben: Platzmangel. Zudem ist die Version für manches Spezialrad aus Platzgründen tabu (Liegeräder, Downhill-Maschinen, Tandems).

●○○○○○○

Huckepack im Auto 3

Sind die Räder im Auto, sollten Sie sie mit einem alten Bettlaken vor zu neugierigen Blicken (und vielleicht sogar Fingern) schützen.

○○●○○○○ **5 Min.** ★

Verschleiß *Systembedingt*

Systeme, die am Vorbau oder Lenker greifen, halten das Rad meist nur unzureichend und können vorzeitige Materialermüdung am Rad mit sich bringen.

●○○○○○○

Rad & Bahn

Auch im ICE 1

Die Bahn akzeptiert in eine Radtasche verpackte Fahrräder, wie es sie für Rennräder gibt, auch im ICE.

●○○○○○○

Auch im ICE 2

Statt Radtasche hat sich auch alte Bettwäsche bestens bewährt: Die Laufräder in die Kopfkissenbezüge, dann mit Kabelbindern an den Rahmen gezurrt. Lenker verdrehen, Sattelstütze versenken und Pedale ab. Nun in den Deckenbezug gesteckt und erneut mit Kabelbinder verschlossen.

○○○●○○○

Auch im ICE — 3

Mit einem Spanngurt lässt sich der »Stoffsack« an der Garderobe festmachen.

Auch im ICE — 4

Wer zwei Bettlaken nimmt, der bekommt sogar ein Tandem verladen. Doch dann muss man den Schaffner schon sehr freundlich angehen und das Rad senkrecht irgendwo festzurren. Aber auch das hat bereits mehrfach geklappt!

Auch im ICE — 5

Um unnötigem Ärger aus dem Weg zu gehen, sollten Sie den Schaffner unmittelbar bei der ersten Begegnung offensiv angehen: »Ich habe da etwas Sperriges dabei. Ich hoffe, das stört nicht. Wenn es im Wege ist, melden Sie sich einfach. Ich sitze im Gang davor!« So weiß der Schaffner, dass die Sache unter Kontrolle ist.

Auch im ICE — 6

Am besten buchen Sie einen Platz im Großraumabteil, in dem sich auch die Behinderten-Sitzbank befindet. Dort ist in der Regel genug Platz für das Rad.

Fahrraddiebstahl in der Bahn — Wer abschließt, kassiert

Die Deutsche Bahn hat eine besondere Sorgfaltspflicht beim Transport von Fahrrädern (3S 1238/00-71l LG Hannover). Ist das Rad mit einem Schloss gesichert und wird dieses geknackt, muss die Bahn zahlen.

★

Haken beim Haken — Vorsicht!

Wer sein Rad am Laufrad aufhängt, der sollte darauf achten, dass die Haken nicht auf einem Felgenaufkleber schaben, diese lösen sich oder verkratzen irreparabel.

1 Min. ★

Wenn es eng wird! — Plätze nutzen

Kleinkinder- oder Behindertenabteile müssen nicht freigehalten, sondern nur im Bedarfsfall geräumt werden. Wenn Sie woanders keinen Sitz finden, lassen Sie sich erstmal hier nieder.

Zug — Bestätigen

Bei der Deutschen Bahn ist es nicht notwendig, für andere Eisenbahnen – besonders außerhalb der EU – gilt: Züge bestätigen! Abfahrtzeiten, Haltebahnhöfe, Gepäckabteile usw., es gibt viele Variablen bei einer Zugreise. Halten Sie genaue Rücksprache, sonst sind Ihre Reiseplanungen schnell hinfällig.

15 Min. ★

Rad & Flieger

Am besten als Erstes — Karton besorgen

WELTEN-BUMMLER

Im März kommen die großen Lieferungen in den Fahrradläden an. Dann sollten Sie sich dort einen Fahrradkarton abholen: Es besteht reichlich Auswahl, denn die Kisten sind in den Maßen und der Pappqualität sehr unterschiedlich.

Anfahrt mit dem Rad zum Flughafen — Trauerspiel

WELTEN-BUMMLER

Eines ist klar: Wer mit dem Rad zum Einchecken fährt, der ist außergewöhnlich. Die Verkehrsplaner haben diese Möglichkeit nicht einmal in Betracht gezogen. Die Radwege führen meist zu den Aussichtsplattformen, nicht selten Kilometer von den Terminals entfernt. Fassen Sie sich ein Herz! Fahren Sie den Weg, der Ihnen als geeignet erscheint. Ideal sind Service- oder Zulieferstraßen. Hüten Sie sich allerdings vor militärischen Bezirken! Sollte die Polizei Sie anhalten, erklären Sie dies genauso: Sie hätten keine andere Strecke gefunden und seien in Zeitdruck, um Ihren Flieger zu bekommen.

★★

Anfahrt mit dem Rad zum Flughafen — Waschen im Flughafen 1

WELTEN-BUMMLER

20

Erholt und relaxed steigt auch nach der Anreise mit dem Bike in den Flieger, wer die Duschen der Flughäfen nutzt. Die sind zumeist kostenlos (Zürich ist eine der Ausnahmen) und in gutem Zustand. Wer ein Faltrad dabei hat, der kann es gefaltet sogar mit hineinnehmen (nicht zum Putzen, versteht sich). Nicht selten sind Handtücher gegen einen kleinen Obolus zu bekommen. Abseits von Duschen bieten sich auch weniger frequentierte Toiletten der Kaufhäuser und Restaurants zum Umziehen und Waschen an.

15 Min. ★ **Standard**

Anfahrt mit dem Rad zum Flughafen — Waschen im Flughafen 2

WELTEN-BUMMLER

In jedem Falle nutzen Sie folgende Gelegenheit: Im Duty Free oder der Drogerie gibt es immer Tester – so duften Sie gut und haben das Gewicht/Geld für Deos doch eingespart.

15 Min. ★

WELTEN-BUMMLER **Bewegung** — **Reduziert Mattigkeit**

Wer im Flieger gelegentlich aufsteht und sich bewegt, den schlaucht das Fliegen weniger. Lassen Sie sich also von den Blicken der Mitpassagiere nicht davon abhalten und bringen Sie Ihren Kreislauf alle 60 Minuten wieder auf Touren!

○○○●○○○ **5 Min.** ★

WELTEN-BUMMLER **Bike im Flieger** — **Nur mit Bestätigung**

Verlangen Sie stets eine schriftliche Bestätigung, die ausweist, dass Ihr Fahrrad mitkommt. Dies sollte in allen Landessprachen ausgeführt sein, die notwendig sind.

●○○○○○○ **5 Min.** ★

WELTEN-BUMMLER **Bike verpacken** — **Angenehme Arbeitshöhe**

Ein Tapeziertisch macht eine perfekte Unterlage aus, um sein Rad in angenehmer Arbeitshöhe zu verpacken. So sind alle Bereiche einsehbar und das Rad kann einfach gewendet werden.

○○●○○○○ ★

WELTEN-BUMMLER **Bike verpacken** — **Gewichtslimit erreicht**

Wenn's mit den Kilos eng wird, nehmen Sie die schweren Anbauteile (Schloss, Pedale, Ledersattel usw.) ins Handgepäck. Dies wird nur selten gewogen. Noch besser: Stecken Sie es in die Taschen eines großen Parka, die Sie sich einfach über den Arm hängen. Doch Vorsicht, die Fluglinien reagieren ziemlich allergisch auf alles, was als Waffe einsetzbar wäre. Riskieren Sie nicht, abgeführt zu werden...

○○●○○○○ **10 Min.** ★ **Bike-Pack**

WELTEN-BUMMLER **Bike verpacken** — **Perfekt**

Kaputt geht das Fahrrad meist beim Be- und Entladen. Auch das Verpacken in den Karton sollte deshalb sorgsam vonstatten gehen: 1. Zeit nehmen 2. Sichern Sie die Ausfallenden durch 101 bzw. 136 mm breite Holzscheite oder Gewindestangen 3. In den leichtesten Gang schalten, das Schaltwerk abschrauben, in eine Luftfolientüte stecken und innerhalb des Rahmens mit einem Kabelbinder sichern. 4. Ebenso die Pedale entfernen und am Rahmen sichern 5. Sattelstütze herausnehmen (vorher mit Klebeband die exakte Höhe markieren) 6. Lenker samt Vorbau herausnehmen, um 90 Grad verdrehen und zwischen Oberrohr, Unterrohr und Gabel einhaken; anschließend mit Kabelbinder befestigen 7. Laufräder möglichst eng an den Rahmen legen, mit Luftfolie einschlagen und mit Kabelbindern sichern 8. »Fahrradknäuel« an seinen Ecken mit Styropor flankieren. Noch besser sind Plastik-Einwegflaschen, diese sind sehr

preiswert, stabil und geschlossen sehr belastbar. Flankieren Sie das hintere Ausfallende mit drei bis vier quer zur Fahrtrichtung liegenden Flaschen 9. Karton auf die passende Größe herunterstutzen und Rad hineinlegen 10. Mit weichem Gepäck (Schlafsack, Isomatte, Kleidung) Hohlräume ausfüllen und zukleben 11. Mit Namen und Ziel groß beschriften 12. Wer mehrfach eigenhändig mit dem Rad umsteigen muss, der sollte einen Griff antapen und eine untere Ecke mit mehreren Pappschichten verstärken, auf der der Karton schleifen kann.

○○●○○○○ **2 Stunden** ★★ **Bike-Pack**

Bike verpacken — Verpackungsmaterial preiswert

WELTEN-BUMMLER 20

Preiswertes Verpackungsmaterial bekommt man in jedem Bikeshop – die sind froh, wenn sie das Zeug nicht aufwändig entsorgen müssen. Schnappen Sie sich am besten gleich zwei Kisten! In die kleinere verpacken Sie das Rad, dann stellen Sie einfach den einen Karton in den anderen! Doppelt hält besser. Achten Sie aber auf das zulässige Gesamtgewicht des Gepäckstücks.

○○●○○○○ ★

Check-In — Achtung Gewichtslimit

WELTEN-BUMMLER

Wenn das Rad auf die Waage gehoben wird, tun Sie so, als würden Sie das Rad nur halten. Heben Sie es stattdessen an, so ist es leichter. Spart bares Geld – wenn es klappt.

○○●○○○○ **1 Min.** ★★

Check-In — Anschlussflüge klären

WELTEN-BUMMLER

Klären Sie, ob alle Verbindungsflüge mit Fahrrad durchgebucht worden sind, ob sie das Fahrrad zwischen den Flügen ausgehändigt bekommen (in den USA) und wo Sie es abzugeben haben.

○○○●○○○ **10 Min.** ★

Check-In — Obacht

WELTEN-BUMMLER

Stellen Sie das Rad neben den Schalter und reihen Sie sich dann erst ein, so brauchen Sie es nicht mitzuschleifen.

○○○●○○○ **5 Min.** ★

Check-In — Preiskrieg vermeiden

WELTEN-BUMMLER

Sollten sich Unklarheiten beim Preis ergeben, vertreten Sie Ihre Informationen kühl und bestimmt. Sollte der Erfolg ausbleiben, dann fragen Sie nach dem Vorgesetzten. Beginnen Sie dort ruhig, pochen Sie auf Kulanz und darauf, dass die Passagiere hinter Ihnen nicht unnötig warten sollten.

○○○●○○○ **10 Min.** ★★

Check-Out — Karton versorgen 1

WELTEN-BUMMLER

Ist das Rad in Ordnung, so erkundigen Sie sich bei der Fluglinie, ob eine Möglichkeit besteht, Ihren Karton bis zum Rückflug aufzubewahren.

○○○●○○○ **10 Min.** ★★

Check-Out — Karton versorgen 2

WELTEN-BUMMLER

Der Fahrradkarton lässt sich auch beim kommerziellen Gepäckservice im Flughafen unterbringen. Die Preise sind mitunter beachtlich, also vorher klären.

○○○●○○○ **10 Min.** ★

WELTEN-BUMMLER

Check-Out — **Rad checken**

Selten werden Räder auf den Laufrädern transportiert. Meist befindet sich neben den Bändern eine Ausgabe für sperrige Güter. Dort sollten Sie das Fahrrad sofort (!) auf Schäden kontrollieren, also den Karton öffnen und das Bike zusammenbauen. Bei Schäden sofort zum Schalter der Fluglinie oder deren Kooperationspartner und um Klärung bitten. Ist das Fahrrad nicht fahrfähig, klären Sie sofort, wie Ersatz oder Reparatur geleistet wird.

10 Min. ★★ *Bike-Pack*

WELTEN-BUMMLER

5

Check- Out — **Sauber starten**

Kaufen Sie sich zu Hause OP-Handschuhe oder dünne weiße Schweißerhandschuhe. Legen Sie diese zum Werkzeug und Sie können trotz Fahrradaufbau mit sauberen Händen starten.

Check-Out — **Start am Flughafen 1**

Die Landung war gut, das Rad steht fahrbereit da, doch wo geht's lang? Autovermietungen fragen: Sie haben meist Ahnung, weil sie täglich Fremde aus dem Flughafen lotsen, und zudem gibt's meist eine kleine Umgebungskarte umsonst.

5 Min. ★★

WELTEN-BUMMLER

Check-Out — **Start am Flughafen 2**

Sind noch Plätze frei, so nimmt Sie ein Hotel-Shuttle sicher gerne mit, »bestechen« Sie den Fahrer mit einer Schachtel Zigaretten oder einem Bier. Wer Nerven hat, kann den Fahrer auch anlügen und sich als Hotelgast ausgeben. Das funktioniert dann auch in beide Richtungen...

5 Min. ★★

WELTEN-BUMMLER

Entspannt im Flieger — **Auf den Hafen kommt es an**

Wer von kleineren Flughäfen fliegt, der spart nicht nur Geld, sondern auch Nerven! Hahn, Luton & Co. sind angenehm überschaubar.

15 Min. ★

Entspannt im Flieger — **Beinfreiheit** — WELTENBUMMLER

Nein, nach 14 Stunden Flug kann man keinen Meter mehr radeln, wenn die Knie die ganze Zeit neben den Ohren hingen. Da hilft nur Vorsorge. Buchen Sie einen Platz mit viel Beinfreiheit. Im Airbus 330 sind dies in der Reihe 65 die Sitze A,C,H und K. In der Boeing 747-300 die Sitze B und C in der Sitzreihe 86. Auf der WWW - Seite von Cathay Pacific gibt es Sitzplätze verschiedener Flugzeugtypen zu bestaunen: www.cathaypacific.com/germany.

★

Entspannt im Flieger — **Bleiben Sie beim Rad fahren** — WELTENBUMMLER

Wer am letzten Tag vor dem Abflug noch etwas Spannendes erleben will, der sollte beim Rad fahren bleiben und auf keinen Fall aufs Tauchen umsteigen. Durch den Druckabfall im Flieger besteht hohes Verletzungsrisiko. Der letzte Tauchgang muss mindestens 24 Stunden vor dem Flug beendet sein.

Entspannt im Flieger — **Heute Einchecken, morgen fliegen** — WELTENBUMMLER

Checken Sie am Vortag ein, dann sind Sie Ihr Großgepäck los und können in Ruhe die letzten Stunden genießen. Doch Vorsicht, seit dem 11.9.01 haben sich die Regeln an den Flughäfen geändert, erkundigen Sie sich vorher.

1 Stunde

Entspannt im Flieger — **Im zweiten Anlauf** — WELTENBUMMLER

Haben Sie ihren Flieger verpasst, ist das noch kein Grund zur Sorge: Gegen eine geringe Gebühr von etwa 50 Euro stellt man Ihnen gerne ein neues Ticket aus. Fragen Sie nach!

30 Min. ★ ★

Entspannt im Flieger — **Keine Kontaktlinsen** — WELTENBUMMLER

Tragen Sie im Flugzeug niemals Kontaktlinsen, die geringe Luftfeuchtigkeit sorgt sonst für rote Augen, Juckreiz oder gar eine Bindehautentzündung.

Entspannt im Flieger — **Lassen Sie tragen** — WELTENBUMMLER

Das Transferverbundsystem ist eine Firma, deren Mitarbeiter Sie samt Gepäck bis zum Schalter bringen. Das kostet etwas mehr als ein Taxi, ist aber auch sehr viel komfortabler.

1 Stunde

Entspannt im Flieger — **Trinken 1** — WELTENBUMMLER

Denken Sie beim Fliegen nicht nur an Ihr Rad, sondern auch an sich: Trinken Sie keinen Alkohol, wenig Kaffee und verzichten Sie auf Getränke mit viel Kohlensäure. Sie werden sich besser fühlen!

★

Entspannt im Flieger — **Trinken 2** — WELTENBUMMLER

Trinken Sie mindestens doppelt so viel wie am Boden, wegen der geringen Luftfeuchtigkeit von kaum 10 Prozent muss mehr Wasser zugeführt werden.

5 Min. ★

WELTEN-BUMMLER

Gepäck — *Weg – Soforthilfe*

Ist der Koffer weg, ist der Ärger da! Gehen Sie sofort zum Schalter der Airline oder zum »Lost & Found«-Schalter. Machen Sie möglichst genaue Angaben über Größe, Farbe und etwaige Besonderheiten des Gepäckstücks. Findet sich der Koffer nicht binnen einiger Stunden, halten einige Veranstalter »Overnight-Kits« parat, da ist alles drinnen, was man für eine mehr oder weniger gute Nacht (alleine!) braucht. Versorgt man sich selbst, zahlt die Airline meist für die Toiletten-Artikel 100 Prozent, Bekleidung 50 Prozent. Natürlich nur gegen Beleg!

○○○○●○○

WELTEN-BUMMLER

Gepäck — *Endgültig weg*

Taucht das Gepäck binnen 30 Tagen nicht auf, zahlt die Fluglinie ca. 26 Euro je Kilo. Manche Linie zahlt knapp über 30 Euro. Die Obergrenze liegt bei etwa 1600 Euro. Gehen Sie also sicher und markieren Sie Ihr Gepäck gut und nehmen Sie alle »teuren« Kleinigkeiten von Dessous über Werkzeug bis zum Handy und alle wichtigen Papiere mit ins Handgepäck. Übrigens können Sie auch Nutzen aus den verlorenen Koffern schlagen, die werden nämlich von Zeit zu Zeit versteigert, sofern sie ihren Besitzern nicht mehr zugestellt werden konnten.

○○○○●○○

WELTEN-BUMMLER

Gepäck — *Kennzeichnung bringt es!*

Zerbrechlich-Kennzeichnung zeigt auch dem »dümmsten« Flughafenarbeiter, dass hier Vorsicht geboten ist. Wenn's dennoch kracht, dann hilft dieser Vermerk auch vor Gericht... nicht selten ist dies das Zünglein an der Waage.

●○○○○○○ ***5 Min.*** ★

WELTEN-BUMMLER

Gepäcklimit — *Checken*

Wer jedes Gramm rausholen will, der muss sich zuvor bei der jeweiligen Fluggesellschaft erkundigen, denn die Regelungen haben sich in den vergangenen Jahren wieder stark »entstandardisiert«.

●○○○○○○

WELTEN-BUMMLER

Großstädte — *Vorortflughäfen wählen*

Mit dem Fahrrad sind Sie mobil, das rückt «suburbane Billigflughäfen» in ein interessantes Licht. Beispielsweise in London bieten sich »Luton« und »Stanstead« als Flughäfen an. Während man normal über 20 Pfund für die Transfers in die Innenstadt zahlen müsste, was die preiswerten Flugtarife fast auffrisst, radelt man so in die City und muss lediglich eine Landkarte kaufen. Solche Flughäfen – außerhalb der Stadt und unterhalb der üblichen Tarife – gibt es in der Nähe vieler Metropolen. Fragen Sie gezielt nach.

●○○○○○○

WELTEN-BUMMLER

Gut speisen im Flieger — *Essenswünsche anmelden*

Wer im Vorfeld der Reise besondere Essenswünsche anmeldet, der entgeht dem »Einheitsbrei«. So lassen sich – freilich nicht bei jeder Fluglinie – Hindu-Menü, Diät-Menü, Veganer-Speisen und Ähnliches vorbestellen. Dies muss allerdings möglichst frühzeitig geschehen. Kosten entstehen nur selten.

●○○○○○○ ***5 Min.*** ★

Infos über den Flughafen — **Internet gewinnt** — WELTENBUMMLER

Wer plant, gewinnt! Unter www.flughafen.de gibt es allerlei Infos zu verschiedenen deutschen Flughäfen. Ein Besuch vor Reiseantritt lohnt sich.

●○○○○○○ **15 Min.** ★

Jetlag — **Auskurieren** — WELTENBUMMLER

Planen Sie die Zeit nach der Ankunft nicht zu straff. »Quälen« Sie sich bis in den Abend und schlafen Sie dann so lange es geht! Geben Sie nicht bereits am frühen Abend auf!

○○○○○●○

Jetlag — **Reduzieren** — WELTENBUMMLER

Nach Westen fliegend ist der Jetlag meist sehr moderat, schlimm wird es ostwärts. Beugen Sie mit einer Reiseplanung vor, die es Ihnen erlaubt, möglichst nahe an die gewohnten Ruhe- und Wachzeiten heranzukommen. Vermeiden Sie Alkohol, schweres Essen und anderweitige Belastungen für den Körper beim Flug.

●○○○○○○ ★

Luft raus im Flieger? — **Federelemente** — WELTENBUMMLER

Wie bei den Reifen gilt auch bei Luft-Federelementen und -gabeln: Im Flieger braucht die Luft nicht raus. Das ist eine (sich zäh haltende) Mär.

○○○●○○○

Ortliebsäcke — **Sichern** — WELTENBUMMLER

Die Schnellverschlüsse von Ortliebsäcken sichert man beim Transport durch einen Streifen Gaffa gegen ungewolltes Öffnen.

○○●○○○○ **5 Min.** ★ **Standard**

Pünktlichkeit ist Pflicht — WELTENBUMMLER

Wer bei internationalen Flügen weniger als 90 Minuten vor dem Abflug am Schalter erscheint, hat kein Anrecht auf kulante Reaktion der Fluggesellschaft.

○○○●○○○

Rad im Flieger — **Wer zahlt für Schäden?** — WELTENBUMMLER

Das beruhigt: Nach einem Urteil haftet eine Fluglinie in voller Höhe für Schäden an Fahrrädern, wenn diese fahrlässig behandelt wurden (AZ: 32 C 2966/98-16).

○○○○●○○

Sicher fliegen — **Eine Infoquelle** — WELTENBUMMLER

Wer es ganz genau wissen will und es mit der Flugsicherheit ganz genau nimmt, dem empfiehlt sich das »jp airline-fleets«. Hier sind über 54.000 Flugzeuge von über 6500 Fluggesellschaften aus über 200 Ländern gelistet. Hier können Sie das Alter usw. jedes Flugzeuges ermitteln (www.buchairnet.com).

●○○○○○○

Sicher fliegen 1 — **Groß = Sicher** — WELTENBUMMLER

Glaubt man den Statistiken, so sind große Flugzeuge seltener in Abstürze verwickelt als kleine.

●○○○○○○

WELTEN-BUMMLER

Sicher fliegen 2 — **Nonstop buchen**

Fliegen Sie nonstop, die meisten Probleme gibt es bei Starts und Landungen...

●○○○○○○

WELTEN-BUMMLER

Sicher fliegen 3 — **Am Notausgang sitzen**

Buchen Sie immer den Platz an den Notausgängen. Dann sind Sie am schnellsten aus dem Flieger...

●○○○○○○

WELTEN-BUMMLER

Sicher fliegen 4 — **Kleiden für den Notfall**

Ziehen Sie auf jeden Fall Langärmliges und -beiniges an, am besten nicht aus Synthetik, so haben Sie den besten Schutz, wenn es brennen sollte.

●○○○○○○

WELTEN-BUMMLER

Sicher fliegen 5 — **Anschnallen**

Wer stets angeschnallt ist, der lebt am sichersten. Während des ganzen Fluges!

○○○●○○○

WELTEN-BUMMLER

Sicher fliegen 6 — **Haltung bewahren**

Beim Aufprall sollten Sie die Arme fest gegen den Sitz der vorderen Sitzreihe gestreckt und Ihren Kopf dazwischen eingeklemmt haben.

○○○○●○○

Speisen

Exotisches — **Schmackhaft auch für Kinder**

Machen Sie Ihr Kind auf fremdes Essen aufmerksam (»Supermann isst das auch immer, wenn er hier ist!«).

●○○○○○○ ★★

REISERADLER

Koch-Tipp — **1**

Geben Sie Salz oder andere Gewürze erst ins kochende Wasser, so verkürzt sich die Kochzeit.

○○○●○○○ ★

REISERADLER

Koch-Tipp — **2**

Wer im Zelt kocht, handelt fahrlässig. Moderne Zelte sind sehr leicht entflammbar. Besonders Benzinkocher nicht einmal in der direkten Nähe des Zeltes nutzen.

○○○●○○○ ★

REISERADLER

Koch-Tipp — **3**

Wer mit Deckel kocht, spart Zeit und Brennstoff, auch erspart man sich das Herausfischen unerwünschter Fleischeinlagen...

○○○●○○○ ★

REISERADLER

Koch-Tipp — **4**

Benzinkocher immer nur mit Rein-Benzin betreiben. Filtern Sie schlechte Qualität durch einen Kaffeefilter oder ein altes T-Shirt.

○○●○○○○ **5 Min.** ★

Koch-Tipp *5*

Wer mit dem Flieger zum Tourstart unterwegs ist, der vergesse nicht, dass er im Flieger keinen Brennstoff transportieren darf... Erst vor Ort bevorraten.

Koch-Tipp *6*

Achten Sie beim Kochen auf die Standsicherheit des Systems. Umstürzende Kocher können – neben Hunger – böse Folgen haben.

★

Koch-Tipp *7*

Mit Ausnahme des Trangia-Kochers, der bei starkem Wind an Leistung zulegt, sollten Sie alle anderen Kocher mit einem Windschutz versehen. Ist dieser aus Alu, so leitet er die Wärme zum Topf.

★

Kocher *Dreck ist ein Leistungskiller* — REISERADLER

Selbst beim simplen Trangia-Kocher macht sich Dreck bemerkbar. Kocher mit Düsentechnik reagieren noch allergischer auf Verunreinigungen: Ihre Leistungsfähigkeit sinkt und ihr Verbrauch steigt.

Kocher *Flieger* — WELTENBUMMLER

Nehmen Sie keine Küchenwerkzeuge (Messer u.a.) mit ins Handgepäck, seit dem 11.9.2001 ist das Sicherheitspersonal nicht zu Späßen oder/und Diskussionen aufgelegt.

Kocher *Immer putzen* — REISERADLER

Wer mit Tankstellenbenzin kocht, der wird nach jedem Gebrauch viel Ruß entfernen müssen. Am besten mit einem Lappen oder mit einer alten Zahnbürste.

5 Min. ★ ***Standard***

Kocher *Service rundherum* — REISERADLER

Üben Sie den Service zu Hause und denken Sie an Generator, Pumpleder, Dichtungen und Flammenringe. Sie alle wollen Pflege.

15 Min. ★★ ***Standard***

Kocher *Unterkühlung vermeiden* — WELTENBUMMLER

Gaskartuschen entwickeln beim Wandeln des flüssigen Gases in flüchtiges Gas Kälte. Diese Temperatur darf den Siedepunkt des Gases nicht unterschreiten. Deshalb sollten Sie die Kartusche im Winter wärmen. Stecken Sie sie dafür bis kurz vor dem Einsatz in den Schlafsack.

★

WELTENBUMMLER

Kokosnuss — *Ran an die Leckerei*

Die Kokosnuss ist zäh, bis sie ihren leckeren Inhalt freigibt. So geht es ganz einfach: Erst mit dem Korkenzieher ein Loch durch eines der drei dunklen Augen auf der Oberseite eintreiben. Kokosmilch in ein Glas ablassen. Nun entweder mit einem Beil in zwei Teile schlagen und anschließend mit dem Messer Einzelbrocken vom harten Kern abtrennen oder mit dem Beil – tangential – die harte Schale abschlagen. Die braune Haut können Sie mit einem Spargel-/Kartoffelschäler vom Fruchtfleisch trennen.

15 Min. ★ ***Heim-Werkstatt***

EXTREMRADLER

10

Speisen — *Gut und Günstig*

Eine preiswerte Alternative zur teuren Trekkingnahrung aus dem Outdoorladen ist die »Risotteria«-Serie von Uncle Ben's: Nicht ganz so kompakt und kalorienreich, aber günstig. Auch Knorrs »Spaghetteria« ist einen Versuch wert.

★

Witterung

Gewitter — *Blitz-Gefahr*

Fahren bei Unwetter: Die Blitze eines über 20 km entfernten Unwetters können Sie noch immer treffen.

Regen — *Gefahr lauert am Beginn*

Die erste Viertelstunde des Regens ist am gefährlichsten: Regen vermischt sich mit Ölspuren und Straßenstaub – eine glitschige Masse entsteht. Nach etwa 15 Minuten – je nach Intensität des Regens – ist der »Schleim« weggewaschen.

Schlechtes Wetter — *Na und? 1*

Schlechtes Wetter – schlechte Laune! Lassen Sie sich nicht in diesen Teufelskreis bringen, brechen Sie aus: Auf dem Rad sitzend geht es los...

Schlechtes Wetter — *Na und? 2*

Machen wir uns nichts vor, viele bleiben bei schlechtem Wetter zu Hause oder im Quartier. Das heißt also: Bei schlechtem Wetter sind die Radwege frei und die Sehenswürdigkeiten weniger überlaufen. Zwei gute Gründe, aufs Rad zu steigen.

Schlechtes Wetter — *Na und? 3*

Wenn Sie einmal auf der Piste sind und Ihnen ist warm, dann spielt das schlechte Wetter keine Rolle mehr: Das Wetter wird immer »besser« (erträglicher), wenn man sich aufgerafft hat und unterwegs ist!

Schlechtes Wetter — *Na und? 4*

Lassen Sie sich Zeit. Selbst wenn Sie die tägliche Etappe später starten, wer hetzt Sie?

Schlechtes Wetter — Na und? 5

Reiseradler

Wie gerne sind wir als Kinder in Pfützen gesprungen und haben übers ganze Gesicht gestrahlt. Daran hat sich nichts geändert. Jetzt benutzen wir dafür ein Rad... Gönnen Sie sich eine Radtour mit vielen Erinnerungen an die Kindheit!

○○○●○○○

Schlechtes Wetter — Na und? 6

Plötzlich verzieht sich der Regen, der Nebel lichtet sich und Ihnen eröffnet sich der Blick ins Tal... atemberaubende Blicke gibt es nur auf Tour, nicht im Fitnessstudio oder auf der TV-Couch!

○○○●○○○

Schlechtes Wetter — Na und? 7

Reiseradler

Wer auf Radtour geht, weil er auch etwas für seine Fitness tun will, der muss bei schlechtem Wetter erst recht los. Das stärkt die Abwehrkräfte und der Körper muss besonders arbeiten, um die Haut warm zu halten.

○○○●○○○

Schlechtes Wetter — Na und? 8

Auch auf Tour gilt das Motto »es gibt kein schlechtes Wetter, nur schlechte Ausrüstung« – statten Sie sich für schlechtes Wetter aus und Sie werden es nicht bereuen!

●○○○○○○

Schlechtes Wetter — Na und? 9

Das Schönste an einer Tour ist die Vesper danach. Erst recht, wenn man aus der Kälte kommt und frisch geduscht einen heißen Tee trinkt... Belohnen Sie sich Sie haben es sich auch verdient!

○○○●○○○

Schlechtes Wetter — Nicht »Na und!«

Wenn Sie eine Erkältung haben oder sonst bereits lädiert sind, ist Rad fahren im großen und anstrengenden Stil tabu! Gefährliche Herzkrankheiten können Sie sich dabei »einfangen«.

○○○●○○○

Touren bei Hitze — 1

Wenn sich das Thermometer der 35°C-Marke nähert, sollten Sie drei bis vier Tage zum Akklimatisieren einplanen, bevor Sie auf die eigentliche Tour starten.

●○○○○○○

Touren bei Hitze — 2

200 Milligramm Kalium, 400 Milligramm Natrium und 150 Milligramm Magnesium sollten in jedem Liter sein, den Sie trinken. Reichern Sie das Wasser im Zweifelsfall an!

20

○○○●○○○

Touren bei Hitze — 3

Keine Überraschung: Bei Hitze steigt Ihr Puls bei gleicher Leistung um ca. 15 Schläge in der Minute. Halten Sie Ihn unbedingt ruhig, fahren Sie lieber langsamer, als zügig zu starten und dann umso schneller und stärker nachzulassen.

○○○●○○○

REISERADLER

Touren bei Hitze 4

Fahren Sie am ersten Tag maximal mit 60 Prozent Leistung. Steigern Sie dies jeden Tag um 10 Prozent. Nach vier Tagen haben Sie Ihren Leistungsstandard erreicht. Fordern Sie sich nicht zu früh zu viel ab!

Touren bei Hitze 5

Richten Sie sich stets auf eine weitere Temperatur-Steigerung ein...

Touren bei Hitze 6

Trinken, Trinken, Trinken ... Alle 1/4 Stunde 0,3 Liter Wasser. Nur so schützen Sie sich vor Dehydration.

Touren bei Hitze 7

Kühlen Sie Ihren Kopf und Nacken so effektiv wie möglich. Beispielsweise ein feuchtes Tuch unter den Helm stecken, das auch den Nacken überdeckt.

Touren bei Hitze 8

30

Den optimalen Sonnenhut gibt es beispielsweise von Internoa: »Pocket cap« mit Alubeschichtung.

Touren bei Hitze 9

20

Besonders wenn die Tour anstrengend ist, sollten Sie zusätzlich eine Kohlehydratlösung ins Wasser einmischen (ca. 5 Prozent).

Touren bei Hitze 10

Fahren Sie in den Morgen- und Abendstunden, das schützt Sie vor der heißesten Sonne.

Touren bei Hitze 11

Je feuchter die Luft in der Hitze ist, desto weniger Sauerstoff enthält sie. Bei feuchter Hitze wird es also doppelt schwer. Passen Sie Ihr Tagesziel den Bedingungen an.

Touren bei Hitze 12

Wenn extremes Wassersparen angesagt ist, greifen Sie auf die »Cosmic Soap« von Givenchy zurück, die funktioniert ohne Wasser...

Wetter – ein Blick verrät's 1

Strahlend blauer Himmel sagt: Es ist schön und bleibt auch so. Ist der Himmel eher dunkelblau, dann heißt das: Wetterunbeständigkeit. Reicht die Färbung von blau über weiß nach grau, dann ist der Wetterumschwung im Anmarsch!

Wetter – ein Blick verrät's 2

Bei Regen gilt: Je heftiger und dicker die Tropfen, desto schneller ist der Schauer vorbei. Hängen die Wolken fast auf Augenhöhe: lieber Regenzeug anbehalten.

○○●○○○○

Wetter – ein Blick verrät's 3

Finden Sie nachts einen klaren Sternenhimmel, so ist das Wetter beständig. Im Winter zeugt ein klarer Himmel mit funkelnden Sternen von Frost.

○○●○○○○

Wetter – ein Blick verrät's 4

Morgen- und Abendrot ist meist ein Vorbote des schlechten Wetters. Außer: Es ist frei von Wolken und Gelb-/Weißstich.

○○●○○○○

Wetter – ein Blick verrät's 5

Kreisförmige weiße oder gelbe Lichterscheinungen um den Mond oder die Sonne herum lassen Regen oder Schnee folgen.

○○●○○○○

Wetter – ein Blick verrät's 6

Bei dichtem Nebel und Dunst ist die Regengefahr meist gleich Null.

○○●○○○○

Wetter – ein Blick verrät's 7

Im Sommer muss nicht jeder Donner oder Blitz Böses bedeuten: Wärmegewitter sind nicht selten lokal sehr begrenzt. Im Winter haben Gewitter hingegen meist eine »flächigere« Ausdehnung.

○○●○○○○

Wetter – ein Blick verrät's 8

Taunasse Wiesen oder schwüle Luft sind Anzeichen für hohe Luftfeuchtigkeit – Wolken werden produziert und wollen sich sicherlich auch entleeren... Ziehen Sie wasserfeste Schuhe an!

○○●○○○○

Überleben in der Wildnis

Allgemein — Flüssigkeit ist Trumpf

Sicher: Auf dem Donau-Radweg geht man nicht verloren, aber es gibt auch Flecken auf diesem Planeten, wo man sich verfahren kann und dann plötzlich ohne Vorräte und Orientierung dasteht. Sich nicht in solche Situationen zu bringen, ist dann kein wertvoller Tipp mehr. Vielmehr sollte Ihre Aufmerksamkeit zwei Dingen gelten: Wasser und Wärme. Wenn Sie ausreichend zu trinken haben und Ihnen nicht kalt wird, dann haben Sie auch die Zeit, um Ruhe zu bewahren, Essen zu finden und einen Ausweg zu suchen.

○○○○●○○ ★

WELTEN-BUMMLER

Allgemein — *In der Ruhe liegt die Kraft*

Tun Sie alles mit Bedacht und Ruhe. Bei allem gilt die Maxime »Ressourcen sparen«. Zeit haben Sie in der Situation wahrscheinlich mehr als Ihnen lieb ist und als Sie glauben, doch Ihre Kräfte und die Vorräte aus der Zivilisation bleiben limitiert...

○○○○●○○ ★★

WELTEN-BUMMLER

Fluss — *Durchquerung*

Wenn Sie einen Fluss durchqueren müssen, tun Sie dies stets an einer breiten Stelle, dort ist er seichter. Nehmen Sie einen Stock mit, um die Tiefe vor jedem Schritt zu prüfen. Stoßen Sie auf eine Fahrrinne, richten Sie sich am Ufer häuslich ein, irgendwann kommt ein Schiff...

○○○○●○○ ★★

WELTEN-BUMMLER

Fluss — *Hier gibt es Wasser*

Ist der Bach ausgetrocknet, suchen Sie eine Biegung und graben Sie am äußeren Kurvenhang (Prallhang) nach Wasser. Wenn Sie Hoffnung auf Wasser im Erdreich haben, dann an dieser Stelle.

○○○○●○○ ★★

WELTEN-BUMMLER

Hunger — *Steinbeißer*

Sollten Hunger und Durst überhand nehmen, lutschen Sie auf einem kleinen Stein, das gaukelt dem Körper Essen vor und beruhigt das Gemüt

○○○○●○○ ★★

WELTEN-BUMMLER

Kleidung — *Tunen*

Wenn die Kleidung nicht reicht, stopfen Sie Moos, Gras und Blätter als Isolierschicht zwischen zwei Kleidungslagen. Beginnen Sie damit bevor Ihnen kalt ist, denn es dauert eine Weile, bis das Material erwärmt ist. Zudem wissen Sie nicht, wann das Wetter wechselt.

○○○○●○○ ★

WELTEN-BUMMLER

Kompass — *Notversion*

Notkompass: Stecken Sie einen Stock in den Boden. Markieren Sie den äußersten Punkt des Schattens auf dem Boden. Warten Sie eine Stunde und markieren Sie erneut den Punkt auf dem Boden. Die Verbindung dieser beiden Punkte entspricht etwa der Ost-West-Richtung.

○○○○●○○ ★★

WELTEN-BUMMLER

Nachts — *Unterkunft bauen*

Sollten Sie einen Unterschlupf bauen müssen, weil Sie ohne Zelt unterwegs sind, bauen Sie diesen so klein wie möglich. Je weniger Volumen Ihr Körper erwärmen muss, desto schneller wird Ihnen warm.

○○○○●○○ ★★

WELTEN-BUMMLER

Nachts — *Warm halten 1*

Vor allem nachts sollten Sie dafür sorgen, dass Kopf und Halspartie bedeckt sind, sie geben am meisten Wärme ab.

○○○○●○○ ★

Nachts — **Warm halten 2** — WELTENBUMMLER

Wird es in den Nächten richtig kalt, so ist Vorbereitung gefragt. Machen Sie ein Feuer auf ebenem Grund. Sorgen Sie für Glut. Verteilen Sie die Glut auf einer Fläche von 50 x 160 cm und bedecken Sie diese mit Erde und darauf weichen Zweigen. Sie werden vorzüglich darauf schlafen.

○○○○●○○ ★

Nachts — **Warm halten 3** — WELTENBUMMLER

Legen Sie große Steine ins Feuer, diese speichern die Wärme und Sie können sie im Lager hinbewegen, wo Wärme notwendig ist.

○○○○●○○ ★★

Pappeln — **Wegweiser** — WELTENBUMMLER

Pappeln sind ein guter Wegweiser zum Wasser, denn sie brauchen extrem viel Wasser.

○○○○●○○ ★

Trinken — **So viel wie möglich** — WELTENBUMMLER

Der Körper funktioniert wie eine Feldflasche: Wenn sie randvoll ist, können Sie sie auch völlig leer trinken. Sollten Sie also an eine Quelle kommen, trinken Sie langsam aber maßlos – vielleicht finden Sie die Quelle morgen nicht mehr...

○○○○●○○ ★

Trinken — **Quelle am Morgen** — WELTENBUMMLER

Wischen Sie den Morgentau mit einem Halstuch auf und wringen Sie dieses in Ihrem Mund aus. Mühsam, aber Durst löschend.

○○○○●○○ ★★

Wasser — **Vorsicht** — WELTENBUMMLER

Finden Sie ein Wasserloch und dieses ist frei von kleinen Insekten, dann hat das einen Grund. Finden Sie ihn nicht heraus, es könnte tödlich ausgehen. Suchen Sie ein anderes Wasserloch, das nicht vergiftet ist.

○○○○●○○ ★★

Wild — **Scout zum Wasser** — WELTENBUMMLER

Folgen Sie dem Wildwechsel. Wild weiß wo es Wasser gibt und welcher Weg dorthin die geringsten Mühen verlangt.

○○○○●○○ ★★

Zu guter Letzt

Creme schont den Po — **Versuchen!** — RANDONNEUR

Ich habe fünf Jahre gebraucht, bevor ich die Vorteile von Sitzcreme entdeckt habe. Seien Sie schneller! Die Creme stinkt, bedarf Überwindung bei der ersten Anwendung und »glibbert« die ersten Minuten im Schritt, doch nach 150 oder 200 km, wenn die wunden Stellen ausbleiben, will man sie nicht mehr missen.

○○●○○○○ **5 Min.** ★

RANDONNEUR **Die Nase fährt mit** — **Motivation**

Wenn lange Handschuhe, Regenjacke und Überschuhe zum Einsatz kommen, dann ist die Stimmung dahin: Regen oder Schnee setzen ein. Jetzt muss man sofort die Initiative ergreifen und dem anstehenden Tief die Stirn bieten. Gut, wer jetzt vorausgedacht hat. Ein persönlicher Favorit von mir ist es, Regenkleidung mit meinem Lieblingsparfüm einzusprühen. Ziehe ich die Regenklamotten an, so freut sich meine Nase und die Stimmung hebt sich wieder.

3 Min. ★

Diebstahl — **Das Rad stand auf dem Balkon**

Der Balkon gehört zur Wohnung und ist damit im Versicherungsschutz für die Wohnung enthalten.

Diebstahl — **Eisspray**

Das Gerücht hält sich hartnäckig. Doch alleine drei Dosen sind notwendig, um den Körper des Schlosses auf minus 20 Grad abzukühlen. Und erst, wenn der Schließzylinder auf minus 20 Grad abgekühlt ist, könnte man das Schloss durch einen Hammerschlag knacken...

Diebstahl — **Sichere Unterkunft**

35

Wer von Hotel zu Hotel unterwegs ist, der braucht sich nicht mit einem schweren Bügelschloss zu quälen. Das Stahlseilschloss »Safeman« bietet in sicheren Gegenden ausreichend Schutz (www.safeman.de).

RANDONNEUR **Drei kleine Helfer** — **Für Wind und Regen**

30

Vier Plastiktüten groß genug für Füße und Hände helfen in der Not. Setzt der Regen ein, oder hat er die Handschuhe bereits durchnässt, so helfen die Tüten, Wind und Regen (und damit die Kälte) fernzuhalten. Sie lassen sich auch vor die Knie oder die Bronchien platzieren. Weiterhin ist der »Buff« (eine Art Schalschlauch aus dünnem Stoff) ein idealer Begleiter auf langen Touren. Ob als Notschal, Handtuch, Schweißband oder Mütze, er steigert den Komfort ohne viel zu wiegen. Ein Wärmepflaster (»Punguini« oder »ABC«) hält die Brustpartie auch im schlimmsten Winter warm (Allergiker sollten vorsichtig sein!)

10 Min. ★

RANDONNEUR **Duschen** — **Frisch & warm**

Überfüllte Wäscheleinen: Wer eine Spannleine samt Wäscheklammern eingepackt hat, ist auf die Infrastruktur vor Ort nicht angewiesen. Bei Etappenrennen mindestens zweifache Ausrüstung mitnehmen, inklusive Schuhe!

15 Min. ★★ ***Standard***

Geld sparen — **1**

Durchfahren Sie Touristenzentren stets satt und ohne Durst, dann kommen Sie gar nicht in Versuchung, in Touristenfallen zu tappen.

★

Geld sparen 2

Sind Sie allergisch, dann packen Sie kleine Mengen der entsprechenden Medikamente ein, das spart teure Arztrechnungen

●○○○○○○ **15 Min.** ★

Geld sparen 3

In 90 Prozent aller Fälle ist die Reparatur/Instandsetzung Ihres Rades bei Ihrem Fahrradhändler zu Hause preiswerter als unterwegs... Lassen Sie Ihr Rad vor der Abreise kontrollieren, und Sie sparen viel Geld und Ärger.

●○○○○○○

Geld sparen 4

Erklären Sie dabei, was Sie vorhaben, die Mechaniker können dann abschätzen, welche Teile vorsichtshalber ausgewechselt werden sollten.

○○●○○○○

Geld sparen 5

Machen Sie sich mit dem Rad, dem benötigten Werkzeug und dessen Benutzung vertraut. Selbsthilfe ist meist am billigsten.

●○○○○○○ **2 Stunden** ★★ **Bike-Pack**

Geld sparen 6

Mit Faltrad und einer großen Tasche können Sie jeden Zug, Flieger und Bus nehmen – ohne Aufpreis!

●○○○○○○

Geld sparen 7

Erinnern Sie sich an Schulfreunde, alte und entfernte Verwandte oder Gleichgesinnte in Sachen Religion, Hobby oder Politik? Wenn Sie denen erzählen, dass Sie in der Nähe vorbeiradeln, dann sind Einladungen gewiss. Eine gute Gelegenheit, Leute wiederzutreffen und wertvolle Tipps für die Weiterfahrt zu erhalten.

●○○○○○○ ★

Geld sparen 8

Reservieren Sie Hotels oder Campingplätze im Vorfeld und vergleichen Sie zuvor oder verhandeln Sie vor Ort, so dass Sie das »ich zahle nur diese Summe, sonst versuche ich es woanders«-Argument nutzen können.

●○○○○○○ ★★

Geld sparen 9

Fahren Sie in Gesellschaft oder suchen Sie sich diese. Vor dem Campingplatz zum Beispiel lassen sich andere Solofahrer treffen, mit denen man zusammen kochen und einen großen Stellplatz nutzen kann, den man ansonsten allein hätte buchen müssen.

○○○●○○○

Geld sparen 10

Wer kurzfristig in Hotels und anderen Herbergen nach einem Zimmer fragt und zum Pokern aufgelegt ist, der kann viel Geld sparen. Das verlangt allerdings Nerven und einen guten »Plan B«, wenn es nichts wird mit einem Hotel...

○○○●○○○ ★★

Geld sparen 11

Theaterkarten usw. kaufen Sie am besten kurz vor der Veranstaltung. Sie sind auf Tour/im Urlaub, da ist es kein Problem, wenn Sie mal leer ausgehen, dann halt in einer anderen Stadt zu einer anderen Zeit in eine andere Vorstellung ...

○○○●○○○ ***2 Stunden*** ★

Geld sparen 12

Lesen Sie die Presse, die nicht für die Touristen gemacht ist, dort finden Sie die Schnäppchenangebote. Kostenlose Sonntagsanzeigenzeitungen weisen den Weg zum Discount und liefern Termintipps, wie Sie sie im Touristenblatt nicht finden.

○○○●○○○ ***15 Min.*** ★

WELTEN-BUMMLER

Geld sparen 13

Tauschen Sie Ihr Können gegen andere Dienstleistung: Bieten Sie an, die Rechtschreibfehler auf der Speisekarte (in Ihrer Landessprache) zu korrigieren und wünschen Sie sich als Gegenleistung ein freies Essen... Die meisten Speisekarten hätten dies nötig...

○○○●○○○ ***30 Min.*** ★★★

Geld sparen 14

Werfen Sie immer einen Blick in die Studentenszene einer Stadt. Sie hat zwei Vorzüge: Studenten mögen es billig und Studenten haben ausgefallene Veranstaltungen. Mischen Sie sich darunter. Man wird Sie schon nicht rausschmeißen... Vielleicht sind Sie ja der neue Dozent!

○○○●○○○ ***15 Min.*** ★★

WELTEN-BUMMLER

Geld sparen 15

In vielen Regionen dieser Welt sind Touristen die Weihnachtsgänse. Lassen Sie sich nicht (immer) ausnehmen. Besonders in Hotels und bei Dienstleistungen speziell für Touristen ist Verhandlungsspielraum. Nutzen Sie ihn aus! Aber übertreiben Sie es nicht, jeder braucht etwas zum Leben.

○○○●○○○ ***5 Min.*** ★★

WELTEN-BUMMLER

Geld sparen 16

Wer die Speisen der Einheimischen kauft, lebt um ein Vielfaches billiger, als jener Radler, der zu Coca Cola und McDonalds greift.

○○○●○○○ ★

Handy — **Der Lebensretter** — *GELÄNDE-TOURER*

International hilft stets die Tastenkombination 112 oder die SOS-Taste des Handys. Noch besser ist es, im Fremdenverkehrsamt die regionalen Nummern zu erfragen. Besonders auf MTB-Touren ist dies unerlässlich!

●○○○○○○

Kleidung — **Unterbringung**

Falten Sie Ihre Kleidung wie gewohnt zusammen und rollen Sie sie anschließend zu »Würsten«. Das spart Platz und man kann besser Ordnung in den Taschen halten.

○○●○○○○ **5 Min.** ★

Kontaktfähig bleiben — **Ausland** — *WELTEN-BUMMLER*

Wer auf Tour im Ausland ist, der sollte einige Münzen und eine entsprechende Telefonkarte im Gepäck haben.

○○●○○○○ ★

Motivationsprobleme — **Ein einfacher Tipp** — *REISERADLER*

Sagen Sie sich: »Heute steige ich noch mal aufs Rad, und wenn ich es bereue, dann breche ich die Tour ab.« Mir ist kein Radler bekannt, der dadurch seine Tour vorzeitig beendete. Denn jeder Reisetag beschert Erlebnisse besonderer Art, einzig Ihre Stimmung »verschließt« Ihre Sinne, diese Reize wahrzunehmen.

○○○○●○○ **15 Min.** ★

Packliste — **Für gute Planung**

Ohne Packliste läuft gar nichts. Schreiben Sie sich alles auf, was Sie auf Tour mitnehmen möchten und checken Sie unterwegs den Bestand, vor allem wenn Sie auf Campingplätzen und in Jugendherbergen unterwegs sind. Nach der Tour streichen Sie auf der Liste, was Sie nie benötigten: Vermutlich können Sie dies auf der nächsten Tour gleich zu Hause lassen.

○○●○○○○ **10 Min.** ★ **Standard**

Radfahrern glauben — **Autofahrer verniedlichen**

Nur ein Radfahrer kann Ihnen glaubhafte Aussagen über Entfernungen, Steigungen und Windverhältnisse machen. Autofahrer verniedlichen – sie müssen ja nicht treten – Steigungen und Distanzen gerne...

●○○○○○○

Rad & Karriere — **Stets zum Diktat bereit** — *TOUREN-RADLER*

Nehmen Sie sich stets einen Block und einen Stift oder ein Diktiergerät mit. Wenn die Seele während der Radtour baumelt, dann purzeln die Probleme der Arbeitswelt, denn es tun sich Lösungen auf. Diese sollten Sie aufschreiben und somit nicht vergessen. Übrigens kommen einem auf Tour Ideen eher als bei so mancher Zigarettenlänge...

○○○●○○○ **5 Min.** ★

WELTEN-BUMMLER

Rad im Bus — Schaffen Sie sich Platz

Es gibt Regionen, da gibt es für alles eine Regel und jeder hält sich dran. Das wird irrtümlich Zivilisation genannt und hier ist stets klar, ob das Rad mitdarf. Andere Länder, andere Sitten! Überall gilt jedoch: Wer ausreichend zahlt, dessen Rad ist auch mit von der Partie. Kaufen Sie einfach Tickets für alle Sitzplätze der letzten Reihe im Bus und Ihr Rad kommt sicher ans Ziel.

5 Min. ★

Sichern — Ohne Schloss

Wer kein Schloss dabei hat, sollte im Stand in einen anderen Gang schalten, die Schnellspanner öffnen und evtl. die Bremsen aushängen. So ist das Wegfahren laut und schwieriger und Sie haben eine Chance, den Dieb zu bemerken. Vergessen Sie aber nicht, vor Abfahrt das Rad wieder »fit« zu machen!

5 Min. ★★ *Bike-Pack*

WELTEN-BUMMLER

Souvenirs — Vorsicht

Sie haben ein schönes Land besucht mit atemberaubender Tierwelt. Dann lassen Sie die Tierwelt auch dort. Wer Ausgestopftes mitbringt, bricht meist den Artenschutz und die Etikette sowieso!

Tagebuch — Lässt Erinnerungen aufleben

80

Führen Sie ein Tourtagebuch. Nehmen Sie sich mindestens 15 Minuten Zeit pro Tag und notieren Sie nicht, was jeder kennt oder was auf den Fotos zu sehen ist. Erzählen Sie die Anekdötchen vom Wegesrand und Ihre Gefühle und Eindrücke. Kilometerleistung und andere Fakten können Sie direkt auf die Karten schreiben. Wer nicht gerne schreibt, dem hilft ein kleines Diktiergerät.

15 Min. ★★

Touren-Gepäck — Unterwegs abspecken

80

Erst wenn man unterwegs ist, zeigt sich, was wirklich gebraucht wird. Halten Sie nach einigen Tagen einfach an der Post und schicken Sie den restlichen »Plunder« nach Hause. Was Sie nicht mehr dabei haben, wiegt nichts und geht nicht verloren.

15 Min. ★ *Bike-Pack*

Zahlen — Merken 1

Nummern eines Zahlenschlosses merken Sie sich einfach: Suchen Sie nach Zahlenkombinationen, die Sie bereits gespeichert haben, beispielsweise kann die Zahl 2704 für den 27.04. stehen, ein Geburtstag oder Hochzeitstag...

5 Min. ★

Zahlen — Merken 2

Verschlüsseln Sie die Nummer (4-stellige Nummer minus 2222 oder Ähnliches) und schreiben Sie diese dann mit Lackstift auf den Rahmen (am besten auf die Unterseite des Unterrohrs, dort schaut sonst keiner): So dürfen Sie vergessen, ohne verloren zu sein!

Bonus-Tipp — Nummer 1001

In dem Buch »1000 Tipps für Biker« erhalten Sie weitere wertvolle Tipps.

Elmar Moser
Bike Guide 1:

200 S., 3 Farbfotos,
45 farb. Kartenskizzen,
45 Faltblätter
ISBN 3-7688-0730-4

Elmar Moser
Bike Guide 2:

200 S.,16 Farbfotos,
45 farbige Karten-
skizzen, 45 Faltblätter
ISBN 3-7688-0731-2

Elmar Moser
Bike Guide 4:

200 S., 3 Farbfotos,
45 farb. Karten-
skizzen, 45 Faltblätter
ISBN 3-7688-0793-2

Elmar Moser
Bike Guide 6:

200 S., 6 Farbfotos,
44 farb. Karten-
skizzen, 44 Faltblätter
ISBN 3-7688-0940-4

Elmar Moser
Bike Guide 7:
Genusstouren
Oberbayern 1

200 S.,10 Farbfotos,
40 farb. Kartenskizzen,
40 Faltblätter
ISBN 3-7688-1130-1

Elmar Moser
Bike Guide 8:
Genusstouren Oberbayern 2

200 S., 9 Farbfotos, 33 farb.
Kartenskizzen, 40 Faltblätter
ISBN 3-7688-1131-X

Elmar Moser
Bike Guide 11:
Gardasee 1

200 S., 7 Farbfotos,
42 farb. Kartenskizzen,
50 Faltblätter
ISBN 3-7688-1002-X

Elmar Moser
Bike Guide 12:
Gardasee 2

200 S.,13 Farbfotos, 43 farb.
Kartenskizzen, 50 Faltblätter
ISBN 3-7688-1001-1

Erhältlich in Buch- und Fachhandel

DELIUS KLASING